HINNERK BAUMGARTEN

Was Sie schon immer über den Mann ab 50 wissen wollten ...

YOUNGER SÄN EWER

Da geht noch was!

Edel Books
Ein Verlag der Edel Verlagsgruppe

© 2022 Edel Verlagsgruppe GmbH,
Neumühlen 17, 22763 Hamburg
www.edelbooks.com

Redaktion: André Dietz
Projektkoordination und Lektorat: Dr. Marten Brandt
Konzept & Idee: Käfferlein & Köhne GmbH und Co. KG, Hamburg
Coverfoto: Sebastian Fuchs
Layout und Satz: Datagrafix GSP GmbH, Berlin | www.datagrafix.com
Gestaltung von Umschlag und Bildstrecke: Groothuis. Gesellschaft der Ideen und Passionen mbH | www.groothuis.de
Sämtliche Fotos Bildstrecke: Privatarchiv Hinnerk Baumgarten
Lithografie: Frische Grafik
Druck und Bindung: GGP Media GmbH, Pößneck

Alle Rechte vorbehalten. All rights reserved. Das Werk darf – auch teilweise – nur mit Genehmigung des Verlages wiedergegeben werden.

Printed in Germany

ISBN 978-3-8419-0796-7

Inhalt

Prolog
Mai 2020 — 9

Die Leiden des jungen Baumgarten
Fit und schön ... auch mit 50! — 11

Was bist du bereit, für deine Liebe zu tun?
Teil 1: Mach was! — 21

Abschied von Papa
Teil 1: Biscaya — 27

Was bist du bereit, für deine Liebe zu tun?
Teil 2: Ein Antrag soll es richten — 37

Die Leiden des jungen Baumgarten
Ich lass das jetzt mal abchecken. — 45

Was bist du bereit, für deine Liebe zu tun?
Teil 3: Heimlicher Beobachter — 59

Abschied von Papa
Teil 2: Die letzten Jahre — 63

Die Leiden des jungen Baumgarten
Jetzt reiß dich mal am RieMann! — 75

Was bist du bereit, für deine Liebe zu tun?
Teil 4: Der Plan — 83

Die Leiden des jungen Baumgarten
Frauen sind was Wunderbares   89

Was bist du bereit, für deine Liebe zu tun?
Teil 5: Valentinstag   101

Die Leiden des jungen Baumgarten
Der Baller-Mann   109

... Mein Jürgen
Teil 1: Vater einer Tochter werden ...   117

Die Leiden des jungen Baumgarten
Passiert dir das öfter? Sex oder nicht ... 133

Was bist du bereit, für deine Liebe zu tun?
Teil 6: Wenn keine Antwort kommt   145

... Mein Jürgen
Teil 2: Bei diesem Vater muss Mathilda stark sein   173

Die Leiden des jungen Baumgarten
Mist, wir leben nicht ewig   185

Was bist du bereit, für deine Liebe zu tun?
Teil 7: Now or never   195

Die Leiden des jungen Baumgarten
Warum rennt die Zeit eigentlich so?   211

Epilog
Dezember 2021   219

Dank   223

1975

„Ich bin ganz doll auf dem Baumstamm ausgerutscht und unten auf meinem Popo gelandet."

„… aber sowas passiert euch doch allen ganz oft beim Spielen?!"

„… aber dieses Mal hat sich das Reh umgedreht und fürchterlich angefangen zu lachen … Und dann hat der Fuchs auch gelacht und überhaupt haben alle gelacht und ich habe mich ganz blöd und allein gefühlt."

Prolog
Mai 2020

„No!"
„What?"
„Borrder is klohst."
„But ..."
„No!"
„Wie No?"
„No endrenz do boländ."
„What? ... Why?"
„Borrder is klohst."
„Aber ..."
„No."
„Ich habe eine Einladung von TV Gdansk ..."

... außerdem bin ich offiziell unterwegs und habe einen ultrawichtigen Journalistenausweis. Aber das interessiert den polnischen Grenzschützer natürlich nicht. Genauso wenig wie die Tatsache, dass Joanna jenseits dieser deutsch-polnischen-Grenze auf mich wartet, und wenn ich es jetzt nicht mal langsam zu ihr nach Danzig schaffe, dann wird das Thema gemeinsame Zukunft aber gewaltig ins Wanken geraten. Langsam reichen nämlich Telefonate, Video-Calls oder auch Cyber-Sex nicht mehr. Gefragt ist echter Körperkontakt und sich wieder mal „in echt" zu sehen und zu unterhalten.

„Can I talk to your boss?"
„Borrder is klohst!"
Corona, du nervst ...

Ich bin jetzt etwas über 50. Noch bis vor fünf Minuten fühlte ich mich wie ein verliebter Teenager, der mit wehenden Liebesfahnen loszog, seine Angebetete zu erobern. Und jetzt das:

„Törn!", fordert mich der liebenswürdiger Grenzer mit aller Bestimmtheit auf.

Und ja, Herr Baumgarten törnt. Das ist der vielbeschriebene Unterschied zwischen an- und abturnen ... Meine Rückenschmerzen melden sich und ich überlege, was ich jetzt tun kann, um unsere Beziehung zukunftsfest zu machen.

Interessanterweise wird das Auge ja nicht alt: Du schaust Tag für Tag, Jahr für Jahr mit strahlenden Auges auf diese Welt, fühlst die Frische, die Schönheit, und denkst, dass du das alles ja noch wirst viele Jahre genießen können. Die Rente ist Lichtjahre entfernt. Du bist fit, du bist jung, du liebst das Leben.
 ... und plötzlich sagt die 25-jährige neue Kollegin SIE zu dir.
 Es ist in meiner Generation Mann schon ein gewisser Unterschied zwischen Selbstwahrnehmung und Realität feststellbar.
 Das passt auch bei Komplimenten, die ich selbstverständlich reihenweise bekomme. Wenn ich höre „Du siehst aber echt jünger aus", dann denke ich mir leise „na also". Ehrlicherweise höre ich allerdings etwas häufiger die Version „Sie sehen jünger aus".
 Egal, jung war ich schließlich auch mal. Jetzt bin ich immer noch jung, aber ... erfahrener.
 Meine Tochter bemerkte einmal am Strand mit einem Lachen, dass meine Brüste ja inzwischen größer seien als ihre. Ja, toll ... danke, dafür hängen meine mehr. Natürlich finde ich, dass ich im Großen und Ganzen doch recht gut aussehe. Vielleicht mit einer kleinen Einschränkung: Angezogen mittlerweile besser als nackt.

Die Leiden des jungen Baumgarten

Fit und schön ... auch mit 50!

Das mit Aussehen und Körper bei uns Typen um die 50 ist schon so eine Sache. Komplimente bekommt man im Grunde nur noch aus Mitleid oder man wird verarscht, oder jemand will Geld. Aber ich habe beschlossen, mich trotzdem besser zu fühlen, wenn jemand sagt, ich sähe jünger aus. Ein wenig schwieriger wird dieses Kompliment, wenn es um eine feine Nuance verändert wird: „Oh, *Sie* sehen aber jünger aus!" Das SIE macht einfach alles zunichte, zumal ich mich ja auf Augenhöhe mit der Jugend wähne und selbstverständlich auf das DU bestehe. Hier klaffen meine Selbstwahrnehmung und die Realität ein wenig auseinander, für eine jüngere Generation ist alles jenseits der 28 schon verrentet, während ich mich fühle, als hätte ich bis dahin noch 30 Jahre Zeit.

Zeit für eine ehrliche Bestandsanalyse: Ich halte mich selbstverständlich noch für topfit und auf dem Niveau eines 30-jährigen, allerdings eines 30-jährigen von vor 30 Jahren, denn heutzutage hat man das Gefühl, jeder 30-jährige ist täglich in der Muckibude und anschließend beim Tätowierer, um sich die nächsten fünf Zentimeter Armumfang mit Liebesparolen verschönern zu lassen. Ja, der heute 30-Jährige ist anders als der 30-Jährige von früher. Ich, wie gesagt, gehöre mehr so der mittelfitten Version ohne Muckibude an. Wenn ich allerdings im leichten Dämmerlicht und ein wenig von oben betrachtet vorm Spiegel meine Muskeln anspanne, dann empfinde ich das schon als gewaltig, geradezu beeindruckend! Zumindest ist da ein Potenzial, das in einem Fitnessstudio ganz sicher zu neuem Leben erweckt werden könnte. Oder sagen wir mal so: insgesamt sieht man meinem Körper an, dass er mal einigermaßen in Shape gewesen ist, bilde ich mir ein.

Eine besonders schöne Situation dazu habe ich vor kurzer Zeit auf Mallorca erlebt.

Ich erfüllte mir da einen eigenwilligen Traum, indem ich mir ein Muscle-Shirt kaufte. Das sind diese Shirts, die etwas weiter geschnitten sein können, aber vor allem eben obenrum nur aus den schmalen Schulterträgern bestehen und die Gesamtumhüllung des Körpers mit Stoff dann erst knapp unterhalb der Brustwarzen beginnt. Ein wenig proletenhaft, so ein Shirt, aber irgendwie wollte ich das immer schon mal ausprobieren. Was soll ich sagen? Es ist sensationell: Man bekommt Schulterbräune und fühlt sich frei, obwohl man angezogen ist. Schatzi fand das Shirt zwar unmöglich, aber ich hatte mir vorgenommen, mich da mal durchzusetzen. Beim Autofahren mit offenem Fenster umweht der Fahrtwind meinen Oberkörper, alles fühlt sich leicht und frei an. Wir parken den Wagen und gehen zum Strand. Es ist ein lebendiges Halbnacktgefühl, es ist Robinson Crusoe für VW-Fahrer, es ist ... Ich übertreibe, es ist einfach anders, locker und angenehm. Später besuchen wir noch eine Strandbar und auch hier komme ich mir echt cool vor. Zwar bilde ich mir ein, die Leute würden ein wenig missbilligend gucken, aber das ist mir egal, schließlich bin ich angezogen. Das letztendliche Urteil zu dem Thema fällt dann Joanna: So ein Muscle-Shirt wäre ja vielleicht ganz praktisch und könnte auch sexy aussehen.

Aber sie hätte noch nie jemanden in einem Muscle-Shirt ohne Muskeln gesehen.

Hätten wir das auch geklärt ... Übrigens hat mir Schatzi neulich Fotos von mir geschickt, wo man sehr deutlich meine Augenpartie in Augenschein nehmen kann. Sie hätte gerne, dass ich mir meine Augen operieren lasse. Genauer gesagt, die Lider. Etwas exakter formuliert, die Schlupflider. Also ich persönlich finde ja, das leicht überhängende Oberlid gibt mir eine Art verwegenen Schlafzimmerblick, andere wiederum meinen, es mache mich lediglich alt. Na gut, es kommt eben immer auf das Auge des Betrachters an. Etwas mehr stören mich die Tränensäcke unter meinen Augen. In der Maske lasse ich diese Partie immer etwas dunkler schminken, damit die Tränensäcke in der Kamera optisch nach hinten treten. Hilft aber nicht besonders viel, und vor allem nicht, wenn ich, wie meistens eben, ungeschminkt rumlaufe. Ich mag dieses Geschminktsein beim Fernsehen eh nicht so sehr. Dass mir jemand im Gesicht rumfummelt, finde ich noch prima, aber hinterher das Gefühl, eine Schicht auf der Haut zu haben, stört mich einfach.

Mein Freund Ralf hat das Augenkomplettprogramm in einer Beauty-Klinik machen lassen. Vor etwa zwei Jahren kam er dafür mit seiner Frau Taya von Mallorca rüber nach Hamburg. Selbstverständlich habe ich mich damals um ihn gekümmert, psychisch und physisch. Er ist ein kleiner Schisser und brauchte ein wenig Zuspruch, um vor dem Messer nicht wegzulaufen. Er ließ oben und unten gleichzeitig machen, Schlupflider und Tränensäcke in einem Abwasch. Dazu muss ich sagen, mir als Mann war eigentlich nie aufgefallen, dass er damit irgendwelche Probleme gehabt hätte, wobei er schon Mitte sechzig ist. Direkt nach der OP rief er mich an: „Lass uns erst morgen treffen, ich bin noch kaputt und außerdem sehe ich zum Fürchten aus." Wieso zum Fürchten? Ziel war doch, besser auszusehen? An die Blutergüsse und Wunden, die bei so einer Operation entstehen, hatte ich nicht gedacht.

Anderntags wirkte auf den ersten Blick eigentlich alles ganz normal, was damit zusammenhing, dass er mich mit Sonnenbrille begrüßte. „Zeig mal", sage ich, „so schlimm kann es ja nicht sein." Es war schlimmer. Mein Gott, musste ich lachen, der sah sogar komplett verboten aus: Oben und unten total rot und blau und rund um die Augen etwas Schorf, und ich glaube, da waren auch kleine Nähte zu sehen, dazu alles leicht geschwollen. Ich machte schnell ein Foto. Ruckzuck hatte er die Brille wieder auf und berichtete, dass die OP eigentlich ganz gut verlaufen sei; gefährlich sehe es aus, weil eben Schlupflider und Tränensäcke in einem Durchgang erledigt wurden. Als kleine ärztliche Fortbildung weiß ich seitdem, dass bei den Lidern meistens einfach geschnitten und genäht wird, man bei den Tränensäcken dagegen von der Seite reingeht, die Fettablagerungen rausholt und die Kanäle unter dem Auge verschlossen werden, damit da auch nichts mehr reinlaufen kann. Binnen zehn Tagen verschwinden Blutergüsse und Schwellungen wieder.

Und man muss sagen, inzwischen sieht er wirklich wieder normal aus beziehungsweise besser! Unterm Auge kein Derrick mehr, da ist jetzt alles glatt, und von oben drückt ihm auch nichts mehr aufs Auge. Wenn man schadenfroh sein möchte, was ich natürlich nur selten bin, dann möchte man meinen, da kann auch nichts mehr drücken, weil die Augen jetzt ein wenig mehr aufgerissen sind. Aber er selber findet es gut, und das ist ja das Wichtigste.

Werde ich mir denn jetzt nun die Schlupflider richten lassen? Vielleicht. Aber wenn, dann nur so ein ganz klein wenig, das soll auf keinen Fall auffallen, will mich doch nicht lächerlich machen. Aber ist das wirklich wichtig? Ich meine jetzt die Meinung anderer, nicht die Operation. Ist das nicht total dämlich, dass man Angst hat, sich lächerlich zu machen? Ich glaube, das Thema Schönheitsoperationen ist nur in Deutschland so negativ behaftet. Natürlich reden wir jetzt nicht von fehloperierten Menschen, die wie zurechtgezurrte Fratzen aussehen. Frauen oder Männer, die etwas an sich haben machen lassen, sind uns hierzulande ganz grundsätzlich erst mal suspekt. Dabei geht es mich doch eigentlich gar nichts an, wie die aussehen. Wenn sich jemand schöner damit fühlt, dann soll sie oder er es doch machen. Aber wie wir Deutschen so sind, leider kann ich mich da nicht immer ausnehmen, wird gerne erst mal gelästert. Na klar, es gibt nichts Schöneres, als natürlich und in Würde zu altern. Aber wenn man das zumindest äußerlich ein wenig bremsen kann, dann ist das doch okay, oder nicht? Hauptsache, es entsteht kein Zwang daraus, in die eine wie in die andere Richtung.

In diesem Zusammenhang fällt mir ein, wie ich ganz schnell meinen Körper aufpimpen könnte, um im Muscle-Shirt die entsprechende Figur abzugeben. Man kann sich, wie der wirklich sehr nette Harald Glööckler mir mal über sich erzählt hat, Muskelkissen implantieren lassen.

Aber ne, spätestens da bin ich raus.

Was ich mir allerdings tatsächlich überlege, ist, mir neue Linsen in die Augen einsetzen zu lassen. Soll ganz easy sein und du kannst sofort alles wieder nah und fern erkennen. Da habe ich wirklich Bock drauf, denn das Thema Brille nervt mich schon ziemlich. Es wird ja auch definitiv nicht besser, trotz gelegentlichem Augentraining und Vitamintabletten. Früher konnte ich gar nicht begreifen, warum Papa eines Tages anfing, eine Lesebrille zu benutzen, ich selbst hatte immer Augen wie ein Adler und konnte mir nie vorstellen, das die mal nachlassen würden. Bis dann so mit 40 plötzlich die Buchstaben in der Zeitung anfingen zu verschwimmen. Im Grunde ist das doch schrecklich, oder? Da passiert etwas mit deinem Körper und du kannst es nicht mehr umdrehen, es nagt der Zahn der Zeit erbarmungslos weiter und weiter – es sei denn, man schlägt ihm ein Schnippchen und lässt sich neue Linsen einsetzen! Bis dahin muss ich auf eine der gefühlten zehn Lesebrillen zurückgreifen, die vom Auto übers Badezimmer bis ins Büro überall verteilt sind. Brille hat auch Vorteile: Kann ein modisches Accessoire sein, für Gesprächsstoff sorgen, oder, wie in meinem Fall, einfach nur das Doofe aus dem Gesicht nehmen.

   Momentan spare ich trotzdem für die Linsen.

   In meinem Alter kommt es ja häufiger mal vor, dass Versicherungsvertreter, Bankangestellte oder Ärzte fragen, was man denn sportlich so machen würde. Golf und joggen, sage ich dann immer. Das bedeutet nicht, dass ich einen günstigeren Kredit bekomme oder der Arzt mir den Fitnessstempel erteilt, nein, es erwirkt erstmal nur ein „das ist doch ganz okay". Ich finde, schlecht ist das nicht. Allerdings ausbaufähig, zumindest wenn ich nicht bald einen BH oder „Spanks" (diese formenden Unterhosen), tragen will. Ernsthafterweise können wir hier aber auch mal wirklich den gesundheitlichen Aspekt mitreinbringen. Ich erinnere mich noch an meinen Vater, einen erklärten Sportmuffel. Es war in den 80ern und unser Nachbar Herr Fechner hatte das Joggen in einer Zeit für sich entdeckt, als so etwas auf viele Menschen noch verdächtig wirkte.

Mindestens jeden Sonntag warf Herr Fechner erst einen kurzen Blick auf seine Uhr und rannte dann für etwa eine Stunde los. „Jetzt rennt der schon wieder, also sowas Dämliches, unglaublich", war dann von Papa zu hören, der sich das Schauspiel vom Küchenfenster aus ansah und sich dabei noch eine Windsor de Luxe ansteckte. Ja, Papa ist schon gestorben, Herr Fechner rennt immer noch.

Derart vorgeprägt war Joggen jetzt nie wirklich meine absolute Leidenschaft. Obwohl, als wir in der Schule 1000-Meter-, später dann auch 5000-Meter-Läufe machten, war meine Bestzeit bei Letzteren mit knapp 21 Minuten gar nicht mal schlecht. Beim Bund mussten wir auch ständig laufen. Es gab die kleine und die große Runde um die Kaserne in Lüneburg. Zumindest war danach der Alkohol vom Vorabend raus. Danach bin ich lange Zeit nicht mehr Laufen gegangen. Erst so mit 40 ging das wieder los mit Dreiviertelstundenläufen durch die Eilenriede in Hannover und später in Hamburg hinten bei Hagenbeck entlang. Es soll ja Leute geben, die können Joggen genießen. Ich gehöre nicht dazu. Vorher habe ich absolut keinen Bock und währenddessen denke ich nur daran, dass es hoffentlich bald zu Ende ist. Hinterher allerdings fühle ich mich großartig, die Glückshormone kommen bei mir wahrscheinlich erst nach dem Laufen aus dem Startblock. Damit das übrigens klar ist: Auch Golf ist ein Sport! Als Profigolfer muss man heute topfit und durchtrainiert sein, wenn man eine Chance haben will. Das Golfen allein allerdings hält auch schon fit. Klingt vielleicht lahm, aber bei einer Runde geht man so in etwa zehn Kilometer und muss nebenbei immer wieder einen vernünftigen Schwung ausführen, was eine gute Körperkoordination erfordert. Leider hat sich bei mir inzwischen ein körperliches

Problem eingestellt: Im Bemühen, meine technischen Unzulänglichkeiten mit Kraft und Schnelligkeit auszugleichen, habe ich mir was in der Hüfte geholt. Nach monatelangen Internetrecherchen und Konsultationen bei Orthopäden, Chiropraktikern und Osteopathen ist das Ergebnis: Blockade in der Hüfte. Das Iliosakralgelenk macht Probleme infolge von Muskelverspannungen, ausgelöst durch zu langes Sitzen und einseitige Fehlbelastung beim Golf. Joggen fällt daher ohnehin flach, es schmerzt in den Lendenwirbeln. Ich habe schon versucht, in den Schmerz reinzulaufen, ihn zu überlisten, hat er aber gemerkt und konnte danach nur mit einer verstärkten Dosis Diclofenac wieder runtergeregelt werden.

Joanna liegt mir ständig in den Ohren, ich müsse was für meinen Rücken tun. Sie wird nicht müde, mir irgendwelche Übungen an die Hand zu geben, oder versucht, mich zu einem ihrer Kurse mitzunehmen. Aber ich sage euch: Wenn es eines gibt, was wir Männer hassen, dann so etwas. Das zieht sich bei vielen von uns durchs ganze Leben: Wenn ihr uns was aufdrängen wollt, dann machen wir es nicht. Wir machen das lieber allein, von uns aus, auf unsere Art, und außerdem checken wir vorher noch andere Möglichkeiten. Und tatsächlich habe ich jetzt die, zumindest vorerst, richtigen Dehnübungen (boah, tun die weh!) für mich gefunden. Und, jetzt kommt's: Ich habe mich im Sportsclub Eppendorf angemeldet! Zum ersten Mal in meinem Leben bin ich Mitglied in einem Fitnessstudio, und was soll ich sagen: ist der Hammer, macht mir echt Spaß. Statt zu joggen gehe ich jetzt 20 Minuten auf den Crosstrainer und danach mache ich ein Zirkeltraining an verschiedenen Geräten, die Rücken- und Brustmuskeln explodieren lassen werden. Jawoll!

Ich bin wie ein kleines Kind, das sich freut, denn ich spüre tatsächlich schon eine Besserung im Rücken. Auch sonst ist es doch ganz simpel: Was man bewegt, bleibt auch beweglich. Und wenn ich nichts mache, dann roste ich ein und man kann die Uhr danach stellen, wann irgendwo weitere Probleme auftreten.

Seien wir doch mal ehrlich: Wir denken als 50-Jährige, wir könnten bei den 18-Jährigen draußen auf dem Bolzplatz noch locker mithalten. Aber wenn wir dann mal wirklich mitspielen, sind wir hinterher garantiert verletzt. Wahrscheinlich, weil wir mangelnde Fitness mit übertriebenem Einsatz wettzumachen versuchen. Oder mal eben ein Handstand. Locker, denkt sich da der 50-Jährige, der früher ein ganz passabler Turner war. Von wegen. Da knicken die Arme schneller ab, als die Beine überhaupt hochkommen. Das ist die Realität und nicht die vollmundigen Ankündigungen am Stammtisch, was man alles noch könnte, wenn man nur wollte.

Aber hätte ich mir das mit 20 vorstellen können? Dass ältere Leute nicht fit sind, das habe ich mir schon gedacht, aber dass auch mein Körper, der mich jetzt schon einige Jahrzehnte begleitet, tatsächlich auch mal etwas weniger leistungsbereit sein könnte, lag zumindest bis vor Kurzem außerhalb meines Vorstellungsvermögens. Nur in einem bin ich mir inziwschen sicher: Das jetzige Fitnesslevel werde ich halten.

Aporos Level:

Joanna erwartete, dass unsere Beziehung jetzt langsam mal eine Entwicklung nimmt, sozusagen ein verbindliches Level erreicht. Genau das war mein Plan gewesen, als ich nach Danzig fuhr. In diesem Fall allerdings für sie, Joanna, völlig überraschend.

Was bist du bereit, für deine Liebe zu tun?

Teil 1: Mach was!

ANFANG MAI 2019. Der Tacho zeigt 187 Stundenkilometer, ich bin unterwegs nach Danzig. Was muss ich noch erledigen? Den Ring habe ich dabei. Irgendwo muss ich noch Blumen kaufen. Rote Rosen natürlich. Das Navi sagt mir irgendetwas von Ankunftszeit 21 Uhr, und da ich ja morgen früh vor der Schule stehen will, muss ich noch heute die Rosen kaufen. Hotel! Welches nehme ich da? Hm … das mit dem Park, nicht weit von Adas Schule ist doch super! Booking.com aufrufen während der Fahrt ist nicht gerade ideal. Egal, muss jetzt mal gehen, geht auch, zumindest nach fünfmaligem Verschreiben. Als ich dann endlich die Lesebrille benutze, klappt's plötzlich. Ist auch nicht so richtig gut zum Fahren, aber besser zum Hotel buchen! Was man eben so macht an einem Spätnachmittag im Mai mit 187 km/h auf der A20 Richtung polnische Grenze. Hotel Quadrille, 73 Euro für eine Nacht ist bestätigt. Oder doch lieber zwei Nächte? Ne, macht keinen Sinn, schließlich gibt's nur zwei Möglichkeiten: Entweder sie nimmt den Antrag an, dann werde ich ja wohl bei ihr die nächste Nacht schlafen, oder sie lehnt ab, dann habe ich da ja nun auch nichts mehr verloren und verschwinde. Gibt es noch was dazwischen? Weiß ich jetzt auch nicht. Hauptsache erst mal ankommen und eine Nacht sicher gebucht haben. Übrigens gut, dass ich das mit dem Buchen jetzt schon erledigt habe, denn hinter Rostock wird das Netz irgendwie löchrig.

Handyempfang? Mal ja, mal nein. Wir sind halt in Deutschland. Bisschen blöd ist es nur, dass ich jetzt auch noch einen Blumenhändler irgendwo auf der Strecke rund um Stettin finden muss. Das verschiebe ich auf später, wenn ich wieder besseres Netz habe. Immerhin ist die Autobahn frei und ich komme flott voran. Langsam kommt die Grenze näher. Das ist gut, denn ich befürchte, um 18 Uhr schließen die Läden. Direkt nach Stettin reinzufahren, würde jetzt zu viel Zeit kosten. Am besten wäre also ein Dorf in der Nähe der Autobahn. Nach dem Motto: runterfahren, Blumen kaufen, wieder rauf auf die Autobahn und weiter nach Danzig.

Eben gerade habe ich die beiden Oder-Arme überquert und jetzt kommt auch schon das Schild „Letzte Ausfahrt vor der Grenze". Mit entspannten 100 statt 80 gleite ich rüber nach Polen, im Grunde ändert sich kaum etwas: Straßen sind gut, Landschaft ist ähnlich, nur die Schilderbeschriftung ist eben auf Polnisch.

Natürlich gibt es in Europa schon lange keine richtigen Grenzen mehr. Deswegen sieht es in den ehemaligen Grenzgebäuden links und rechts der Autobahn eher verlassen aus. Nie hätte ich gedacht, dass später dann diese Geschichte von einem Virus aus China unser aller Leben so grenzenlos auf den Kopf stellen würde und dabei wieder Grenzen schafft, die mich dann noch schwer beschäftigen werden.

Doch noch ahnt der Hinnerk nichts davon. Neben der Sprache ist hier auf polnischen Autobahnen auch noch der Unterschied, dass es ein Tempolimit gibt, und, dass der Sprit günstiger ist und logischerweise in Zloty angezeigt wird. Die Autobahn rund um Stettin wird momentan gerade ausgebaut, hier stockt es ein wenig, aber das ist nichts Besonderes. Im Grunde ist das sogar gut für mich. Jetzt kann ich endlich wieder nach einem

Blumenladen fahnden. Das Netz in Polen funktioniert übrigens perfekt – da könnte sich Deutschland mal ein Scheibchen von abschneiden – und schon werde ich fündig. Es ist
17:15 Uhr
und in Goleniow in etwa 20 Kilometer Entfernung, direkt an der Autobahn, gibt es einen Blumenladen, der bis 18:00 Uhr geöffnet hat. Na also, direkt auf den Routenplaner im Handy geklickt: Ankunft in 28 Minuten.

Als ich in Goleniow ankomme ist es, wie geplant,
17:43 Uhr
es herrscht leichter Verkehr, aber ich liege gut in der Zeit. Und das beruhigt mich etwas, denn ein Antrag ohne Blumen und die Frau ist fähig, den Antrag allein deswegen platzen zu lassen!

Der Laden soll an dieser Straße, auf der ich mich gerade befinde, auf der rechten Seite sein. Ah! Hier ist ein Parkplatz, zwar noch 100 Meter entfernt, aber egal, den Rest gehe ich zu Fuß.
17:48 Uhr
… aber wo ist der Laden? Hier müsste er eigentlich sein, oder doch auf der anderen Seite? Nichts, absolut nichts an dieser doch recht stark befahrenen, schmalen Straße deutet auf einen VERDAMMTEN BLUMELADEN hin. Meine Frage nach einem „Flauerschopp" läuft ins Leere.
17:51 Uhr.
Zurück am Auto, suche ich nochmal im Internet. Um
17.54 Uhr
entdecke ich über die Navigations-App ein Einkaufscenter in der Nähe. Also los, Gas geben, rechtsrum auf die Straße, falsch!
17: 56 Uhr

In den nächsten Hauseingang reinfahren, rückwärts zurück und in die andere Richtung weiterfahren.
17: 57 Uhr
Noch 400 Meter, sagt Google-Maps.
17:58 Uhr
Ich stehe auf einem Parkplatz fast direkt vor dem Eingang des Centers, springe aus dem Auto und spurte los.
17:59 Uhr
… und nichts deutet darauf hin, dass hier IRGENDEIN Geschäft … schließen würde. Leute kommen und gehen in Scharen. Puhhhh! Im Einkaufscenter spreche ich jemanden in gebrochenem Polnisch an: „Kwiaty prosze?" Es funktioniert, der Herr scheint mein „Blumen bitte?" richtig zu deuten und zeigt mit der Hand auf die erste Etage, mehr oder weniger direkt über mir. Treppe rauf und da ist er, der Blumenladen, den ich gesucht hatte. Mit so richtig dicken, fetten, großen, blühenden roten Rosen. Wow, wie viele davon sind noch zu haben. Wie viele soll ich überhaupt nehmen? Ich zähle mit der sehr netten Verkäuferin nach. Es sind 19. Man soll immer eine ungerade Zahl verschenken und 19 klingt dann auch besser als 11 oder 15. Ich nehme alle. „Selten habe ich so einen schönen, großen, puren Strauß Rosen gesehen!", denke ich und sehe am Blick der Verkäuferin, dass sie wohl ahnt, dass ich Größeres vorhabe.

Beim Rausgehen sehe ich einen Stoffhund, den ich in meiner romantisch verklärten Stimmung ebenfalls mitnehme. Als Geschenk und Symbol für Ada: Wenn alles klargeht, kaufen wir ihr den ersehnten echten Hund! Dass Joannas Tochter inzwischen eher nicht mehr so sehr auf Stofftiere steht, verdränge ich in diesem Moment und bin von meiner Idee eher begeistert.

So, das wäre geschafft, Rosen gekauft, Geschenk für Ada, Hotel gebucht, jetzt wieder auf die Autobahn und ab geht's weiter Richtung Danzig. Das Schöne am Fahren auf polnischen Autobahnen ist, dass sie nicht so voll sind wie deutsche. Liegt, wie in vielen anderen Ländern, an der Maut für Autobahnen, aber eben einfach auch daran, dass Polen kein so starkes Transitland wie Deutschland ist. Die Autobahn Richtung Danzig hat noch einen weiteren Vorteil: Man muss hier bislang noch keine Maut bezahlen und sie ist außerdem wunderbar neu. Allerdings geht sie nicht ganz durch, mehr als die Hälfte fehlt momentan noch: Locker und lässig mit Tempomat durchrutschen kann man bis Koszalin, das sind etwa 160 Kilometer. Bei Koszalin gelangt man wegen fehlerhafter geologischer Gutachten zur Achillesferse dieser Autobahn. Während am Rest der Strecke der neuen S6 weiter fleißig gebaut wird, gerät hier der Fortschritt leider etwas ins Stocken, sprich: Hier ist Schluss mit Autobahn und Tempomat. Ab dieser mittelgroßen polnischen Stadt, die sich rund 20 Minuten östlich vom bekannten Küstenort Kolberg befindet und selbst auch nur ein paar Kilometer von der Ostsee entfernt liegt, geht es leider nur über die Bundesstraße weiter, das sind dann noch mal schlappe 200 Kilometer bis zum Ziel meiner Reise, 200 Kilometer, die sich durch Trucks und einige langsam fahrende Autos ziehen können. Allerdings sind die meisten polnischen Autofahrer eher flott unterwegs. Und auch etwas risikofreudiger als deutsche Autofahrer. Überholen gehört hier wie selbstverständlich dazu, gerne auch bei Gegenverkehr. Der Langsame weicht auf der breit ausgebauten Bundesstraße einfach nach rechts aus, wenn er merkt, hinter ihm will jemand überholen. Nach dem Einscheren bekommt er dafür einen kleinen Gruß durch kurzes Betätigen der Warnblinkanlage. Da ich mich gerne den Sitten in anderen Ländern anpasse, fahre ich also wie ein Pole. Wie ein schneller Pole. Ehrlicherweise muss ich gestehen, dass diese Überholmanöver nicht immer nur ungefährlich sind.

Unwillkürlich muss ich dran denken, wie ich im Urlaub in der Dominikanischen Republik vor vielen Jahren mal fast in den Gegenverkehr gerast bin. Wir hatten uns Motorräder ausgeliehen und ich hatte noch einen jüngeren Freund bei mir hinten drauf. Nicht weit von der Stelle, wo Falco 1998 bei einem Unfall ums Leben kommen sollte, befindet sich eine langgezogene Rechtskurve. Ich bin damals gut drauf, der Junge hinter mir hat auch Spaß an Geschwindigkeit, und so drehe ich ein bisschen am Hahn meiner Honda XR600. Leider befindet sich am rechten Straßenrand ein etwa fünf Meter hoher Wall und ich kann die vor mir befindliche Rechtskurve nicht richtig einsehen.

Es kommt, wie es kommen muss: Ich bin etwas zu schnell und muss in der Kurve über die Mittellinie hinausfahren. In diesem Moment kommt uns ein Bus entgegen. Mir stockt der Atem. Ich bin auf Kollisionskurs und versuche zu bremsen, ohne die Kontrolle über die Maschine zu verlieren, und diese weiter nach rechts zu drücken. Es sind am Ende nur Zentimeter, die wir am Bus vorbeirauschen. Zentimeter, die das Ende hätten bedeuten können. Zentimeter können auch auf einer dämmrigen polnischen Bundesstraße das Ende bedeuten. Leider kann sowas sehr schnell gehen.

Abschied von Papa
Teil 1: Biscaya

FEBRUAR 2016. Als ich vor der Urne stehe, bekomme ich weiche Knie, kriege kaum noch richtig Luft und kämpfe mit den Tränen. Die Kapelle des Ramlinger Friedhofs ist klein und eigentlich sehr nüchtern. Heute aber strahlt sie von innen. Es ist ein kalter, aber heller Februartag und die Sonnenstrahlen, die fast waagerecht durch Tür und Fenster dringen, tauchen die Wände in ein gelbes, fast grelles Licht. Die Blumen auf dem Podest neben der Urne vermitteln eine Frische und einen Duft von Frühling.

Viele Trauergäste sind gekommen. Familie, Freunde, entferntere Freunde, aber auch Menschen, die meinen Vater einfach nur kannten und offensichtlich auch mochten. Etwa 30 Gäste finden in der Kapelle Platz, wir lassen die Türen offen, davor versammeln sich noch mal etwa 20 und warten auf ... ja, auf was eigentlich? Eine Zeremonie, ein Innehalten, eine Predigt, ein Abschiednehmen?

Ich stehe in meinem schwarzen Anzug leicht fröstelnd vor der Urne und auf mein Zeichen hin klingt James Last aus den Boxen: *Biscaya*, ein Titel, den Papa geliebt hat. Es entsteht dabei eine ganz spezielle Atmosphäre, es wird irgendwie warm und ist vertraut, aber der Song nimmt mich auch mit auf eine Reise mit unbekanntem Ziel.

Hier also findet das Leben meines Vaters sein Ende. Hier verabschieden wir uns von ihm.

Schon an seinem Todestag war für mich klar, dass ich es niemandem überlassen möchte, meinen Vater zu verabschieden, der ihn nicht kannte. Was er sich gewünscht hätte für diesen

Moment, konnte ich nur ahnen. Etwas Persönliches und Echtes wahrscheinlich. Niemals hätte er das von mir verlangt, aber ich spürte, dass ich hier die Verantwortung übernehmen musste. Deswegen stehe ich jetzt hier vorne und habe mir alles überlegt: Musik, Gebete, Ansprache. Wenigstens das hatte mein Vater verdient. Die letzten Jahre waren einfach zu beschissen zu ihm.

Inzwischen sitzen alle Trauergäste, ein leichtes Hüsteln ist hier und da zu hören, Taschentücher in den Händen, ersticktes Weinen. Ich merke, wie diese Musik eine Verbindung aufgebaut hat. Langsam klingt der Titel aus und ich spüre, wie eine Traurigkeit immer mehr komplett von mir Besitz ergreift. Ich fürchte, keinen Ton rauszukriegen und weiß auch gar nicht mehr so genau, was ich eigentlich sagen will.

Langsam gehe ich zum Podest, halte kurz vor der Urne inne und trete dann hinter das Pult mit dem Mikrofon. Ich spüre, wie meine Energie zurückkehrt, wie mir in diesem Moment mein Job hilft und ich mich auf die Kraft der Sprache verlassen kann. Mir fällt auch wieder der Satz ein, der mir in der Vorbereitung in den Sinn gekommen ist, der Satz, der mir für meinen Vater und alle, die ihn liebten, wichtig ist. Es ist der Satz, den ich später am Ende meiner Ansprache sagen werde und der allen Anwesenden einen eigenen Abschied ermöglicht.

Sohn von Papa

Ja, ich habe meinen Vater geliebt. Ich tue das immer noch, weil er in meinem Herzen natürlich immer noch da ist. Weil es Situationen gibt, in denen ich ihn gerne etwas fragen würde, es Situationen mit meiner Tochter gibt, die mich an ihn und mich erinnern.

Das ist etwas Wunderbares: Familienliebe ist einfach da. Normalerweise stellt man die nie infrage. Obwohl ich schon sagen muss, dass mein Bruder wahrscheinlich eher von distanzierter Liebe sprechen würde. Sven ist älter und war immer besser in der Schule als ich, Leutnant bei der Bundeswehr, danach das Maschinenbau-Studium mit Bravour bewältigt. Sogar den Doktor hat er gemacht. Dr. Sven. Im Grunde gab es nie was zu meckern. Hat unser Vater aber. Es gab ewig Streit zwischen Mutti und Papa wegen Sven. Das ging dann später sogar in die nächste Generation über. Ich erinnere mich, dass wir mit Svens Sohn Robertchen sonntags beklommen am Mittagstisch saßen, weil wir befürchteten, der kleine Robert würde sich nicht anständig am Tisch benehmen und Papa daraufhin ausrasten. Wie kritisch er auch die beruflichen Ambitionen von Sven betrachtete! Nichts war richtig, alles nicht gut genug. Svens Frau natürlich auch nicht. Und die Kinder Annika und Robert waren zwar okay, aber Papas Meinung nach nicht richtig erzogen. Warum er da so hart war, verstehe ich bis heute nicht. Ich habe mit Mutti oft drüber gesprochen. Vielleicht war es eine gewisse Eifersucht, da Sven vieles von dem erreicht hat, was sich Papa für sich selbst auch gewünscht hätte. Oder es war sein eigener beruflicher Stress, den er irgendwo entladen musste.

Mir gegenüber war er ganz anders. Grundsätzlich war ich schlechter in der Schule als mein Bruder, habe häufiger Mist gebaut (Gott sei Dank waren wir versichert und meine Eltern mussten die Hauswand, die ich aus Spaß an einem Neubau mit Teerfarbe beschmiert hatte, nicht selbst bezahlen), ich bin schon mit 16 um die Häuser gezogen, habe die Bundeswehr als normaler W15er abgeleistet, in Abwesenheit meiner Eltern Partys im Haus gefeiert und mit dem Studium lief das auch nicht gerade rund. Aber irgendwie hatte ich immer einen guten Draht zu meinem Vater. Wir konnten reden. Zum Beispiel erinnere ich mich an einen heftigen Streit zwischen Mutti und Papa. Ich war so etwa 17 und er brüllte dermaßen durchs Haus, dass sich keine Maus mehr aus dem Loch getraut hat. Es war ein komische Moment, in dem ich fühlte, hier passt etwas nicht, das ist zu viel, du musst Mutti helfen. Es gab nie Gewalt zwischen meinen Eltern, aber diese Lautstärke im Streit war schlimm genug und wühlte mich auf. Und da stand ich dann vor meinem Vater mit erhobener Faust. Ich weiß noch genau, wo das war. Unten an der Haustür befand sich eine etwa anderthalb Meter hohe Mauer vor der Kellertreppe. Papa schickte sich an, wutentbrannt aus dem Haus zu stürmen, sich ins Auto zu setzen und nach Frankfurt abzudüsen. Ich halte ihn auf und schreie ihn mit erhobener Faust und zitternd am ganzen Körper an: „Wenn du Mutti einmal was antust, dann schlage ich zu, hört endlich auf zu streiten!" Er gibt mir eine Ohrfeige, aber plötzlich ist die Situation entschärft.

Meine Aktion muss ihn geschockt haben. Ich weiß noch, wie er sich nach der Ohrfeige augenblicklich beruhigt und zu mir sagt, es sei alles in Ordnung, dann setzt er sich mit wässrigen Augen ins Auto.

Etwa zwei Monate später fahre ich mit Papa im BMW 320i nach Hamburg. Ich liebe es, wenn er schnell fährt und fühle mich absolut sicher, als er sagt: „Die Ohrfeige tut mir leid, Hinnerk. Du hast das richtig gemacht und ich bin stolz auf dich, dass du dich für deine Mutter eingesetzt hast."

Papa hat uns Kinder geliebt. Er hat uns das Handwerken beigebracht, etwa, als wir gemeinsam den Stand für die Bienenkörbe gebaut haben. Er hat uns den Umgang mit Tieren nähergebracht, er war besonders in unserer Kindheit immer für uns da. Als wir klein waren, hat er hinter der Garage aus Holz eine Art Fort für uns Cowboys gebaut. Mit kleinem Turm als Ausguck und den üblichen Schießscharten. Ja, in den 70ern war es noch ganz normal, Cowboy und Indianer zu spielen, mit notdürftig zusammengenagelten kleinen Holzlatten, die Gewehre darstellen sollten, im Garten rumzulaufen. „Tatatatata." Das Gewehrfeuer war eines der ersten Geräusche, dass ich täuschend echt nachmachen konnte. Die Indianer waren meistens die Helden, ihnen galt unsere Sympathie. Wie oft waren wir mit Papa draußen auf der kleinen Flugwiese, die er mit einigen Freunden gepachtet hatte. Ein großartiger Platz, um die Modellflugzeuge von Graupner und Co. in den Himmel steigen zu lassen. Da waren auch echte Könner dabei, die mit den Händen an der Fernsteuerung ihre Flieger Salti und Rückenflüge in der Luft machen ließen, um sie danach wieder sicher auf der Wiese landen zu lassen. Unser Vater war indes kein so richtiger Könner mit der Fernsteuerung. Ich bin mir nicht sicher, ob er jemals eine gute Landung hinbekommen hat. Regelmäßig sind die Dinger außer Kontrolle geraten und abgestürzt. Das war aber nicht schlimm. Papa war nämlich mehr der Bastler. Das Modellflugzeug „Lord" z.B. wurde nach den gefühlt 20 Abstürzen immer wieder neu zusammengeflickt. Infolge der Unmengen von „Stabilit"-Kleber wegen der zusätzlichen Verstärkungen und Ausbesserungen geriet der Lord dann aber irgendwann komplett aus der Balance und endete mit Totalschaden etwa 50 Zentimeter tief in der Flugwiese.

Ich habe meinen Vater nie als irgendeine Art Helden angesehen. Ich fand ihn einfach nur klasse. Er sah gut aus, hatte eine offene Art und kam überall gut an. Durch meine kindlichen Augen glaubte ich sehen zu können, dass er bei den

Damen beliebt war. Gelegentlich bildete ich mir sogar ein, da wäre ein Flirt in der Luft. Später erzählte mir meine Mutter, dass Papa immer eher sehr eifersüchtig gewesen sei.

Er war streng, aber verständnisvoll. Er war großzügig, aber wir lebten nie über unsere Verhältnisse. Ich erinnere mich noch, wie es war, wenn ich mit Mutti in Celle Klamotten einkaufen ging, um nicht immer nur die alten Hosen von Sven auftragen zu müssen. Natürlich haben mich bei Warg dann besonders die angesagten Jeans von „Wrangler" oder „Levis" interessiert. Heute würde man sagen, das waren damals die Must-haves, bei mir klang das argumentativ so: „Die haben die anderen auch ..." Woraufhin meine Mutter stets entgegnete: „Die hier drüben sieht auch gut aus ..." Komischerweise war diese Hose dann immer 20 Mark günstiger.

Insgesamt muss ich beim Betrachten alter Fotos heute feststellen: So wie ich damals rumgelaufen bin, würde man sich heutzutage nicht mehr aus dem Haus trauen.

Die günstigen Jeans saßen schlecht, die aufgetragenen Pullover hatten was von Polyester-Charme. Möglicherweise habe ich damals schon als Schutzwirkung eine gewisse Gleichgültigkeit in Geschmacksfragen entwickelt. Jedenfalls fällt mir selbst heute auf: Ich will, aber ich kann mich nicht immer stylisch kleiden.

Da war Papa dann doch etwas anders als Mutti. Wenn er und ich irgendwo hingefahren sind, zum Beispiel von Ehlershausen aus in die 20 Kilometer entfernte Drogeriefiliale nach Elze, haben wir im Sommer immer an einem Kiosk gehalten und Eis gekauft. Hier ging es nicht nach dem Preis, hier ging es nach dem, was am leckersten ist. Ich meine mich an Langneses „Rumba" zu erinnern, das stolze 1,80 DM kostete. Mein

Gott, was war ich glücklich! Rumba war damals was ganz Besonderes, die Ausflüge mit Papa waren es auch.

Bei uns im Nachbarort Ramlingen gibt es im Herbst immer ein Erntedankfest. Ich war etwa sieben Jahre, als Papa eine Idee hatte: Hinnerk marschiert da mit. Dafür hat sich der Heimwerkerkönig eine spezielle Konstruktion ausgedacht: eine Art Trapezgestell aus Holz, vorne und hinten mit einer Hartpappe versehen, die beschriftet wurde und die ich auf meinen Schultern tragen sollte. Nur der Kopf guckte oben raus. Auf der Pappe stand so etwas wie „Ich bin ein Ehlershäuser Früchtchen …". Ich fand das toll und war Feuer und Flamme, endlich mittendrin sein zu dürfen, da, wo eigentlich nur die Älteren hinkommen. Trecker mit geschmückten Anhängern fahren da und zwischendrin gehen Musikgruppen oder Sportvereine. Ach so, einen lustigen Strohhut sollte ich übrigens auch noch tragen.

Am Tag des Umzuges reihte mich Papa irgendwo in den sich formierenden Zug ein, und ab ging die wilde Fahrt. Aber bald musste ich feststellen, so wild war die Fahrt gar nicht. Die Konstruktion war erstens sauschwer, zweitens instabil und drittens schleifte sie über den Boden. Nach 500 Metern war ich total erschöpft, und versuchte noch zu lächeln, als ich an meinen Eltern vorbeihumpelte. Danach dann ging nix mehr. Die bevorstehende Blamage ahnend, kamen mir die Tränen, schiere Verzweiflung machte sich in mir breit. Ich kriegte kaum noch Luft, als mich helfende Hände von der Last der Konstruktion befreiten und mir auf einen Anhänger halfen. Die Truppe vom Turnverein Ehlershausen hatte mich gerettet und ich konnte den restlichen Weg durch den Ort oben mitfahren. Und damit war ich dann ja doch mittendrin, und das sogar auf einem Anhänger. Besser als zu Fuß mit Holzgestell auf den Schultern.

Es gibt so viele Dinge, die mich mit meinem Vater für immer verbinden. Manchmal sind es die kleinen Dinge, wie ein Eis, dann Erinnerungen wie an den besten Weihnachtsmann der Welt. Sven und ich haben null Verdacht geschöpft. Wahrscheinlich waren wir einfach zu aufgeregt. Ausgerechnet immer an Heiligabend musste Papa jahrelang angeblich auf eine Sitzung im Ortsrat. Mutti war auch immer ganz traurig, dass Papa weg musste und er den Weihnachtsmann nie treffen konnte, der ja bald kommen würde. Da saßen mein Bruder und ich nun am Fenster im Wohnzimmer, das wir gegen 18 Uhr betreten durften, um, ohne Papa, nach dem Weihnachtsmann zu spähen. Wir wohnten in der ersten Etage über unserer Drogerie an der Hauptstraße in Ehlershausen, von wo wir einen guten Blick hatten. Irgendwo von da draußen musste er kommen. Und jedes Mal erschraken wir fürchterlich, wenn es plötzlich laut an der Tür hämmerte und eine dunkel schnarrende Stimme ertönte: „Hallo, hier ist der Weihnachtsmann, macht mal die Türe auf." Ich hatte nur noch Schiss und mir standen schlagartig alle Sünden vor Augen, die ich im zurückliegenden Jahr begangen hatte. Aus Erfahrung wusste ich, dass der Weihnachtsmann komischerweise alles mitbekam. Auch das, was ich meinen Eltern nur im Vertrauen erzählt hatte. Und wie der Weihnachtsmann mit rotem Umhang, weißem Bart und Kapuze und einem großen Kartoffelsack ins Wohnzimmer rumpelte, dachte ich mir immer schnell eine Ablenkungstaktik aus. Auf seine Frage „Na, mein lieber Hinnerk, möchtest du denn noch irgendetwas beichten, was du im letzten Jahr angestellt hast?", erzählte ich z.B. einmal von der Packung Toastbrot, die ich aus dem Küchenschrank genommen hatte, um sie in den Wald zu unserer Bude mitzunehmen. Es funktionierte, ich kam glimpflich davon: „Na, da wird die Mama aber bestimmt nicht sehr böse sein", schnarrte der Bass des Weihnachtsmannes. Und da war er wieder, dieser Duft, der mir irgendwie bekannt vorkam.

In späteren Jahren wurde ich dann ein wenig skeptischer, denn mir war aufgefallen, dass mein älterer Bruder Heiligabend plötzlich nicht mehr aufgeregt war.

Es kam der Tag, der damals einen ersten großen Schritt in Richtung Erwachsenwerden bedeutete. Meine Eltern nahmen uns zur Seite und erklärten, dass es den Weihnachtsmann gar nicht gebe. Sven wusste es da übrigens schon seit zwei Jahren.

Immer wenn ich später selbst den Weihnachtsmann gespielt habe, sei es für Robert und Annika, die Kinder von Sven, für Sophie, die erste Tochter von Ira, für Kinder von Freunden oder natürlich für Mathilda, immer hatte ich dabei Papa im Kopf. Wie großartig war das doch, wie er das früher immer gemacht hatte.

Was bist du bereit, für deine Liebe zu tun?

Teil 2: Ein Antrag soll es richten

ANFANG MAI 2019. Es wird langsam dunkel, als ich mich endlich meinem Ziel nähere: Danzig, dass sich auch Dreistadt nennt. Es besteht nämlich aus drei Städten. Da ist einmal die Hafenstadt, eine moderne, pulsierende Metropole mit knapp 600.000 Einwohnern. Eine junge Stadt zudem, die mit guten Gründen zu jeder Jahreszeit viele Touristen anlockt. Bernsteinhauptstadt passte als Image vielleicht früher einmal, mittlerweile gibt es hier moderne Einkaufstempel, viele internationale Restaurants, Bars und Clubs. Fährt man aus der Stadt heraus Richtung Westen, gelangt man nach Sopot. Sopot ist *das* Seebad Polens: Sylt und Timmendorf in einem. Wie soll ich es beschreiben? Es ist modern hier, immer was los, fröhliche Menschen, unzählige Bars direkt am endlosen Strand, das mondäne Grandhotel mit großer Vergangenheit, die Promenade, auf der man mit dem Fahrrad oder E-Roller den kompletten Strand abfahren kann, dazu die berühmte Mole, wo die Ausflugsschiffe anlegen. Es gibt am Strand alle 200 Meter Bars mit Musik und Liegestühlen, was es allerdings nicht gibt, sind Kurtaxe und Strandkörbe. An einigen windigen Tagen hatten wir dann auch schon mal drüber nachgedacht, den Strandkorb nach Polen zu exportieren, aber bislang ist es bei der Idee geblieben. Jedenfalls macht es Spaß in Sopot. Auch das Nachtleben rockt, kaum ein polnischer

Filmstar, der nicht schon mal im legendären Spatif abgetanzt hat.

Und wenn man dann die große Hauptstraße, die von Danzig aus durch Sopot führt, weiterfährt, dann kommt man automatisch nach Gdynia. Auch hier gibt es einen Hafen, auch hier gibt es Strand. Die Ortschaften gehen ineinander über. Nun besteht dieses Geflecht aus den drei Städten aber natürlich nicht nur aus dem Strand an der Danziger Bucht, sondern logischerweise auch aus dem Hinterland. Dieses Hinterland ist teilweise sehr hügelig und hat sehr viel Wald. Auch hier spürt und sieht man den Aufbruch: Neue Wohnanlagen entstehen, es gibt Einkaufsgalerien oder Sportarenen, alles sehr modern, wie man es auch aus Deutschland kennt. Und da mittendrin, am Rand des Waldbezirks Bernadowo in Gdynia, wohnt Joanna!

Zusammen mit ihrer Tochter hat sie ein großes Haus mit schönem und sonnigem Garten. Das Haus ist Teil einer Anlage mit etwa 80 einzelnen Häusern. Da sich die Häuser durch die Hanglage gut verteilen und die Reihen unterschiedlich zueinander stehen, besitzt das Ganze sehr viel Charme. Alles ist in Gelbtönen gehalten, wirkt aber dennoch individuell. Man kennt sich, man ist befreundet oder hilft sich untereinander. Die Anlage ist eingezäunt und es gibt zwei offizielle Eingänge, an einem davon sitzt ein Wachmann in einem Häuschen. Dieser Wachmann ist immer hilfsbereit und passt auf, dass im Winter die Wege geräumt und gestreut sind und dass nirgendwo Abfall rumliegt. Der Wachmann und die beiden Eingänge werden noch eine Rolle spielen.

Nach etwa acht Stunden Fahrt mit vielen Gedanken und Blumen im Gepäck erreiche ich endlich Gdynia und versuche, mich in der Dunkelheit zu orientieren.

Und da ist es auch schon: Hotel Quadrille mit seinem schönen Park. 200 Meter von der Hauptstraße entfernt, idyllisch und ruhig.
Ich parke den Wagen und checke ein. Zimmer 218 im neuen Gebäude, Frühstück gibt es ab 6.30 Uhr im Hauptgebäude. Könnte für mich funktionieren, wenn ich morgen früh überhaupt einen Bissen runterkriege.
Endlich sitze ich in meinem Zimmer und versuche, meine Gedanken zu ordnen. Was machst du hier eigentlich? Du bist 51 und veranstaltest einen solchen Zirkus – hast du keine Angst, dich lächerlich zu machen? Natürlich habe ich das. Auf keinen Fall will ich wie ein kleiner, dummer Junge dastehen. Aber ich bin bereit, dieses Risiko einzugehen. Ich liebe Joanna und will jetzt unbedingt dieses Zeichen setzen. Wenn ich das getan habe, dann weiß ich, dass ich alles versucht habe, denke ich. Ich sehne mich danach, Joanna wieder in die Arme zu schließen. Wie gerne möchte ich in diesem Moment, dass einfach alles wieder gut ist. Ja, wahrscheinlich bin ich auch einfach zu dämlich und habe sie zu oft enttäuscht und emotional vor den Kopf gestoßen. Und deswegen sitze ich jetzt hier alleine und leicht verzweifelt rum. In einer Gegend, in der ich inzwischen fast ein bisschen zu Hause gewesen bin, die mir vertraut ist, in der ich alle kleinen Geschäfte kenne, alle Restaurants, in die wir so gerne gegangen sind. Muss es bei „gegangen sind" bleiben oder werden wir da bald auch wieder gemeinsam hingehen? War ich auf der langen Fahrt hierher noch von heldenhaftem Elan beflügelt und von meinem Vorhaben absolut überzeugt, so fühle ich mich jetzt ziemlich unsicher. Was ist eigentlich, wenn sie längst einen anderen hat, durchzuckt es mich. Wenn ich mir vorstelle, wie dieser Jemand jetzt gerade bei ihr sitzt, vielleicht heute Nacht in dem

Bett schläft, für das ich vor zwei Jahren die neue Matratze gekauft habe ... Diese Vorstellung ist unerträglich. Hinnerk, du musst das rausfinden! Mach was, fahr hin. Vielleicht kannst Du etwas von außen durchs Terassenfenster erspähen!

Der Auslöser

Anna hatte mich zum Frühstück eingeladen. Ich weilte für ein paar Tage in meiner kleinen Mietwohnung in Niendorf. Niendorf ist – für alle Ortsunkundigen – das Dorf mit dem kleinen Fischer- und Yachthafen neben Timmendorfer Strand. Einige Freunde von mir leben hier, andere haben hier ein Feriendomizil. Mein Freund Uli und ich sind in unserer Clique momentan als die beiden Typen mit leichtem Liebeskummer bekannt. Bei mir und Joanna war wieder mal Schluss und bei Uli und Anna auch, und das obwohl die beiden gerade erst vor zwei Jahren geheiratet hatten. Uli ist mir zwar freundschaftlich näher, aber trotzdem hatte ich keine Probleme, mit Anna zu frühstücken. Erstens weil ich mir vornahm, ich könnte den beiden mit ein paar Tipps möglicherweise wieder auf die gemeinsamen Sprünge helfen, und zweitens, weil ich andererseits auf einen Tipp von Anna aus Frauensicht für meine eigene Beziehung hoffte.

Schnell waren wir beim Thema angelangt. Anna zeigte sich enttäuscht von Uli, weil der sich nicht doll genug ins Zeug für ihre Beziehung legen würde, andererseits kämen ihr alle Anstrengungen, die Uli unternehme, irgendwie falsch vor. Für mich, der ich ja auch Ulis Sicht kannte, klang das komisch. Wahrscheinlich ist es dieses Männern-Frauen-Ding. Wir Männer (zumindest Uli und ich) meinen es grundsätzlich gut, wir tun auch was. Aber irgendwie kommt das bei den Frauen immer anders an als wir denken. Liegt es möglicherweise daran, dass Frauen in der Liebe tatsächlich sehr schnell rational werden, während Männer gerne in verklärter Romantik hängen bleiben? (Zumindest Uli und Ich!) Ich weiß es nicht. Ich weiß nur, dass ich immer sehr kluge Ratschläge für andere habe, diese aber selber nicht beherzigen kann. Generell bin ich beziehungsmäßig eher beratungsresistent. Ich höre mir die Ratschläge oder Meinungen von anderen zwar sehr gerne an, sehe oft auch deren Richtigkeit, ziehe am Ende aber doch die Schlüsse, die ich gerne ziehen möchte. Andererseits ist genau das doch gerade schön. Wir sind nun mal komplett unterschiedlich und irgendwie macht das den Reiz aus. Beziehungen wachsen an der Aufgabe, sich auf den anderen einlassen zu können, auch ohne immer alles verstehen zu müssen.

Auf diese Weise unterhielten wir uns, als es an der Tür klingelt. Freundin Beate stand vor der Tür. Sie ist immer über ALLES informiert. „Sag mal, wie läuft das denn jetzt mit Joanna?", fragte sie geradeheraus. Ah, endlich kommen wir zu meinem Thema, dachte ich, und versuchte erst mal herauszufinden, ob zwischen Beate und Joanne irgendein Kontakt bestand, von dem ich nichts wusste, von wegen Informationsdefizit. Das schien nicht der Fall zu sein. Überhaupt glaubte ich eher eine gewisse Solidarität der beiden Frauen mir gegenüber zu bemerken. Sie mochten Joanna und mich zusammen als Paar. Wir passten doch toll zueinander und es wäre doch schade um unsere Liebe. Aber wie reagierte ich? „Aber ich mache jetzt erst mal nichts. Ich kann da nicht hinterherlaufen, mache mich doch nicht lächerlich. Jetzt muss sie mal kommen!"

„Genau falsch!", riefen die beiden unisono. Und sie hatten ja recht, das war von mir ein bisschen so daher gesagt, aus Trotz, angestachelt, oder sagen wir: beratschlagt von meinen Freunden Uli, Hanjo und Marc. Eigentlich bin ich eher ein Typ, der die Dinge anpackt. Wenn es etwas zu klären gibt, dann am liebsten sofort, Aussitzen ist nicht unbedingt mein Ding. Und daher kam mir der Rat der Freundinnen zupass: „Du musst jetzt echt mal das Richtige tun", sagten sie. Bloß was konnte das sein? In der Schnellanalyse unserer Beziehung unter Berücksichtigung der besonderen – und auch polnischen – Seele von Joanna kam schnell der Rat: „Mach Ihr 'nen Heiratsantrag!" Oh! Mein! Gott! „Ich bin doch nicht bescheuert, wie soll das denn funktionieren?", wehrte ich mich. „Das wäre doch eine Verzweiflungstat!"

„Ne, du musst jetzt wirklich was tun, das ist genau das richtige Zeichen."

Langsam wurde ich nachdenklich und konnte der Idee immer mehr abgewinnen. Warum auch nicht? Verdammt, ich liebte Joanna und sie wollte immer etwas mehr Verbindlichkeit von mir. Für Polinnen bedeutet eine Hochzeit außerdem noch einmal etwas völlig anderes. Und wenn ich drüber nachdachte: Ich hatte sogar einen Ring! Nämlich den alten Ehering meines verstorbenen Vaters. Tatsächlich hatte ich schon länger im Hinterkopf, Joanna damit irgendwann einen Antrag zu machen. Papas Ring war mir dabei sogar wichtig, weil ich darin eine Art emotionale Verbindung innerhalb der Familie sah. „Aber woher weiß ich, ob sie überhaupt da ist?", gab ich zu bedenken und versuche ein letztes Mal vor meiner eigenen Courage zu fliehen. Anna zuckte nur mit den Schultern und holte ihr Handy hervor.

„Hi Joanna, how are you?" Ich war ziemlich sprachlos. Anna schwindelte einfach drauflos. Ihre Mutter sei in Danzig unterwegs, mit ihrer Bridgetruppe auf Städtereise. Ob Joanna vielleicht ein paar Restaurant-Tipps für sie hätte. Das schon, aber sie habe keine Zeit, sich mit ihr persönlich zu treffen. Das wäre auch zu schön gewesen, denn dann hätte ich nämlich plötzlich mit Blumen an diesem Treffpunkt gestanden. Richtig schön kitschig. Vielleicht ganz gut, dass das nicht klappte. Aber immerhin wussten wir nach dem Telefonat: Joanna war zu Hause, wenn auch nur noch zwei Tage, dann plante sie, zu einer Freundin nach Breslau zu fahren. Fix kombiniert: Es war keine Zeit zu verlieren. Wenn ich etwas reißen wollte, dann musste es jetzt sein. Dann musste ich SOFORT nach Danzig fahren, dann musste ich Joanna JETZT einen Antrag machen. Also ab ins Auto, auf nach Hamburg, ein paar frische Klamotten einpacken, den Ring holen und dann nach Polen fahren zu Joanna. In der Hoffnung, dass Joanna es wirklich gut fand, wenn ein Mann mal so richtig Aktion macht.

Die Leiden des jungen Baumgarten

Ich lass das jetzt mal abchecken.

„So, das tut jetzt mal kurz weh", sagt der Arzt. „Was ...? Aaaahrrrr", entfährt es mir, von kurz kann leider keine Rede sein.

So als 20-Jähriger habe ich oft mitbekommen, wie sich Papa mit Freunden unterhalten hat. Wenn es um Anzüglichkeiten ging, habe ich natürlich interessiert mitgehört. Bei geschäftlichen oder politischen Themen war damals mein Interesse schon leicht reduzierter. Ging es um Krankheiten, dann habe ich mich eigentlich nur gewundert, was ältere Menschen so alles für Probleme haben können: Rücken hier, Pumpe da, und irgendeiner musste mal wieder irgendwas demnächst gründlich untersuchen lassen. Nun war es in den 70ern und 80ern bei Männern aber auch meistens so, dass man eigentlich nur zum Arzt gegangen ist, wenn man wirklich krank war. Vorsorgeuntersuchungen waren damals nicht so das gaaanz große Thema. Man wollte ja auch kein Weichei sein.

Das ist in meiner Generation inzwischen anders. Darmkrebsvorsorge, Arterienkontrolle auf Ablagerungen, Herzcheck, Belastungs-EKG, das alles sind Themen, die wir zumindest kennen, wenn auch gelegentlich vor uns herschieben. Seit den 70ern haben sich die Männer in diesem Punkt zumindest so weit verändert, dass wir sagen: „Müsste ich jetzt demnächst mal machen." Überhaupt sprechen wir viel über Krankheiten, irgendeinen gibt es immer, der was hat, oder irgendwer hat was von irgendeiner neuen Behandlungsmethode gehört. Was liegt bei mir denn eigentlich diesbezüglich an? Nichts Gravierendes, mal abgesehen von meinen muskulären Defiziten, um Fitness soll es aber später noch gehen. Also ich habe in der einen Niere etwas zu viele Zysten, eine gesunde, aber nervöse Prostata, einen vernünftigen Blutdruck und eine nur geringe Arterienverkalkung. Zumindest laut Check von vor etwa einem dreiviertel Jahr. Die Milz ist leicht zu groß, wobei ich nicht weiß, was das bedeutet, die Leber scheint okay zu sein. Leider habe ich immer noch eine – inzwischen nicht mehr so stark ausgeprägte – Allergie gegen Äpfel und Birken (also eine typische Kernobst-Dingenskirchen-Kreuzallergie). Macht keine großen Probleme, aber die Birke wird nicht mehr mein Lieblingsbaum. Vor vielen Jahren habe ich mal versucht, dagegen anzugehen. Als Arzt hat mein Freund Volker eine Laserakkupunktur entwickelt, um den Körper, laienhaft ausgedrückt, wieder so zu programmieren, dass er bei bestimmten Nahrungsmitteln wie Äpfeln, bei Blütenpollen und Pilzsporen nicht mehr abwehrmäßig reagiert. Volker lernte ich als Morgenmoderator bei Hitradio Antenne kennen, als er in die Show kam, um mich live zu behandeln. Von Birke über Latex bis Bettwanzeneier hatte der Doc zig Stoffe in kleinen Glasfläschchen dabei, die ich mir auf den Bauch halten musste (Bauch deshalb, weil hier nach chinesischer Lehre viele Meridiane, also Lebensenergiebahnen, verlaufen; das Ganze nennt sich Kinesiologie). Der Test ging so: Ich musste einen Arm zunächst ohne ein Fläschchen über dem Bauch ausstrecken und Volker versuchte, ihn runterzudrücken. Dabei konnte ich ganz gut gegenhalten.

Anschließend wurden Fläschchen mit verschiedenen Inhaltsstoffen jeweils an den Bauch gehalten. Bei Latex zum Beispiel oder Bettwanzen konnte ich meinen Arm, wenn er versuchte, ihn runterzudrücken, genauso hochhalten wie ohne Fläschchen. Lag aber Birke an meinem Bauch, flupp, war der Arm kraftlos und fiel runter, kaum dass Volker ihn berührte. Ziemlich spooky, das Ganze. Wir spielen im Radio zwei Hits vom Allerbesten, was es überhaupt gerade aktuell gibt, und dann geht's weiter. Doc Volker hatte also rausgefunden, worauf ich reagiere und befestigte dann alle kritischen Fläschchen auf meinem Bauch. Anschließend nahm er den Laser und es machte „piiiieep": Er aktivierte bestimmte Akkupunkturstellen an meinem Körper. Wie das genau funktionierte, weiß ich nicht, aber offensichtlich hat der Laser eine stimulierende Wirkung auf diese Punkte. Das wars, und tatsächlich meinte ich zu fühlen dass sich in meinem Körper etwas tat.

Nach diesem Auftritt in unserer Show standen in Volkers Praxis übrigens die Telefone nie wieder still. Da wir uns sympathisch waren, freundeten wir uns an und bekamen tatsächlich eine Verbesserung meiner Beschwerden hin. Menschen reagieren unterschiedlich, ich kann berichten, dass einige Eltern aus unserem Freundeskreis mit ihren verschorften Kleinkindern damals zu Volker gerannt sind und es den Kindern sehr schnell besser ging. Ein großartiger Mediziner, der neue Wege beschritt. Später bin ich das ganze Thema noch mit einer klassischen Desensibilisierung angegangen. Nervt so ein bisschen, wenn man da über Jahre immer hinrennen muss, aber auch das hat zumindest eine weitere leichte Verbesserung gebracht.

Mittlerweile hoffe ich auf eine Wunderpille, die alle Allergien einfach wegzaubert. Ich würde so gerne mal wieder einen Apfel essen, ohne dass mir der Hals wie Hölle juckt und anschwillt.

Wenn es dieses Wundermittel gibt, dann werde ich es sofort wissen. Ich bin nämlich top informiert. Nicht, weil ich Medizin studiert habe, nein, weil ich im Internet recherchiere! Was ich da schon alles für Lösungen für irgendwelche Wehwehchen gefunden habe, ist einfach sensationell und immer wieder gutes Futter, um bei Gesprächen zu glänzen. Immer wieder finde ich auch was Neues. Wenn es bei meinen Rückenproblemen nicht der Piriformis ist, dann eben der Iliopsoas. Da bin ich flexibel, auch, was die entsprechend passenden Dehnübungen für Unbewegliche angeht. Heute das Bein kreuzen und in die Luft halten, morgen eben das ausgestreckte Bein im 90-Grad-Winkel an die Wand lehnen. Unabhängig davon, dass ich das sowieso nicht schaffe, hilft das auch alles nicht, aber immerhin ist der Zauber der Hoffnung dabei. Die heilt schließlich auch, zumindest, falls die Rückenschmerzen psychisch sein sollten.

Es gibt ja mehrere Möglichkeiten, den Körper sogar von innen zu betrachten, natürlich durch einen Arzt oder eine Ärztin. Mir ist ehrlich gesagt aus einer leichten Schamhaftigkeit heraus das männliche Exemplar lieber. Ich habe alle drei Spiegelarten hinter mir und wir fangen mal mit dem vermeintlich einfachsten an, dem Magen. Warum habe ich eine Magenspiegelung machen lassen? Weil bei mir eine leichte Fruktoseunverträglichkeit festgestellt wurde und man gerne gucken wollte, ob mein Magen schon gelitten hat. Leichtfertig hatte ich auch irgendwelche Schmerzen im vorderen Bauch erwähnt. Da liegst du dann beim Facharzt im Behandlungszimmer auf der Seite und öffnest den Mund schön weit, damit der Doc den Schlauch durch die Kehle kriegt. Wobei, zuerst steckt er da so ein Art Fixierungsschiene rein, durch die der Schlauch laufen kann. „Betäubung brauchen Sie nicht, oder? Eigentlich kann da nix groß weh tun", murmelt der Arzt, während er die Schiene schon in meine Kehle reinfummelt. „Ockreeeh", krächzte ich, „chein Hroblehm." Und schon bewegt sich der überraschend dicke Schlauch durch den Hals in mein Körperinneres. Herrlich, das ist wie Kotzen, bloß andersrum. Der Doc guckt sich da drinnen ein bisschen um und sagt dann: „Sieht alles okay aus, aber ich nehme vorsichtshalber ein paar Proben von der Magenschleimhaut." Und schon schiebt er einen kleinen Nebenschlauch in die Tiefe meines Magens, mit dem Hinweis, es könne jetzt etwas zwicken, sei aber alles ganz harmlos. Sagen wir mal so, es war, als wenn dir von innen einer mit einer Zange in den Magen kneift. Zusätzlich unangenehm: Man kann nichts dagegen tun, weil es ja von innen kommt und dadurch auch nicht so richtig zu verorten ist. Allein beim Schreiben darüber bekomme ich wieder Gänsehaut. Meine Kehle dagegen konnte ich wegen Reizung noch einige Tage lang gut verorten. Also, erste Spiegelung im Leben ohne Verluste überlebt, Diagnose unauffällig.

Weiter geht's:

Irgendwie fühle ich mich ein wenig unwohl, es sei mir alles ein wenig unangenehm, sage ich leise, und mit einem Lächeln antworten die beiden OP-Schwestern, ich könne auch nach St. Georg ins Krankenhaus gehen, da gäbe es mehr männliche Pfleger. Witzig, denke ich, aber immerhin lockerte es die Atmosphäre auf. Da liege ich nun auf dem OP-Tisch mit meinem flotten OP-Hemdchen, Modell hinten offen. So eine Darmspiegelung ist schon fein. Also besonders vorher die Gedanken darum. Ich hatte schon seit Längerem undefinierbare Schmerzen im Unterbauch. So etwa Höhe Gürtelschnalle. Die ließ ich dann auch meistens offen, damit sie nicht drückte. Mein Freund Fred, nebenberuflich ein in Krankheiten bewanderter Hypochonder, schlug als Diagnose vor: etwas mit dem Darm. Stille in mir. Darm, wieso Darm? Meine persönliche Recherche im Familienkreis ergab keine genetische Vorbelastung in Sachen Darmkrebs, das war schon mal gut. Na gut, dachte ich, in meinem Alter konnte ich sowieso mal eine Darmspiegelung machen.

Da sind wir wieder beim Thema Vorsorge. Warum auch nicht, soll angeblich nicht schlimm sein. Höchstens etwas unangenehm. Eventuell peinlich, aber nur eventuell. Was passiert eigentlich, wenn da irgendwie zu viel Luft im Darm ist, oder irgendwelche Reste, oder, oder, oder? So, Herr Baumgarten, jetzt mal entspannen, keinen Blödsinn denken, die machen das ja nicht zum ersten Mal. Mich tröstet in solchen Dingen immer die Vorstellung, dass Ärzte und Krankenschwestern wahrscheinlich schon Schlimmeres oder Ekligeres oder Hässlicheres gesehen haben.

Nach der Voruntersuchung gab es dann auch kein Zurück mehr, der Termin war fix und entsprechende Anweisungen hatte man mir mitgegeben.

Am Abend vorher beginnt das Entleerungsprogramm. Der halbe Liter mit angeblichem Grapefruitgeschmack schmeckt zwar ekelig, aber das ist für mich kein Problem. Ich muss hierzu erwähnen, dass für unseren Vater in Kinderjahren bei Krankheiten der Einlauf das erste Mittel der Wahl war. Eine gewisse Vorerfahrung nenne ich also mein Eigen. Runter das Zeug, warten, Toilette. Junge, geht das ab. War aber nur die erste Rutsche, da kommt noch was. Wobei ich diesen Vorgang aber auch als erleichternd empfinde. Man fühlt sich etwas kraftlos, aber innerlich rein. Ich schlafe auch gut danach. Am nächsten

Morgen noch mal einen Schluck und tatsächlich kommt immer noch was, hoffentlich ist jetzt alles raus.

Nun liege ich da also und nach dem auflockernden Fachgespräch mit den beiden OP-Schwestern betritt der Mann des Tages den Raum: der Mann, der angetreten ist, mich von innen zu betrachten und dafür, simpel ausgedrückt, einen Schlauch mit Kamera in meinen Hintern stecken wird.

Also, der Doktor ist da, und spätestens jetzt gibt es kein Zurück mehr. Ich werde gebeten, mich auf die Seite zu legen und mein verlängerter Rücken wird dabei etwas kühl, liegt ja auch sozusagen frei. Propofol soll mich schlafen legen, das ist dieses Zeug, das Michael Jackson immer zum Einschlafen genommen hat, unvorstellbar eigentlich. Ich kriege eine kleine Injektion, hoffe, dass ich nach der Narkose wieder aufwachen werde, und will gerade noch anmerken, dass das Mittel nicht wirke, als sich von hinten eine Wattewolke anschleicht und sich mir um meinen Kopf legte. Ich bin weg. Was dann passierte, entzieht sich naturgemäß meiner Kenntnis. Irgendwelche Handyvideos, wie der Doc und die Schwestern sich über mich lustig machen, während der Schlauch in mir steckt und eine große Sauerei passiert, sind jedenfalls auch später nicht im Netz aufgetaucht.

Plötzlich allerdings werde ich wieder wach. Keine Ahnung, wie lange der Doc schon am Arbeiten ist, was ich aber logischerweise merke, er ist noch dabei, oder besser gesagt, er ist noch drin. Ja, Hinnerk, dämmert es mir, du bist es tatsächlich und du liegst hier im OP und unterziehst dich gerade einer Darmspiegelung. Und da ich dazu neige, in solchen Situationen witzig sein zu wollen, der Psychologe würde wahrscheinlich Überspielung von Unsicherheit analysieren, sage ich: „Oh, das ist ja gut, dass ich wach bin, dann kann ich wenigstens kontrollieren, was Sie da machen!"

„Ja", gerät der Doc ins Schwärmen, „schauen Sie mal hier, sieht alles ganz hervorragend aus, herrlich rosa, keine auffälligen Stellen." So sehe ich also von innen aus! Der Monitor liefert ein gestochen scharfes Bild dessen, was sich in meiner Bauchhöhle so rumschlängelt und dann ja doch ein echtes Wunderwerk der Natur ist. Was mich in dem Moment allerdings weitaus mehr beschäftigt, ist die Tatsache, dass da ja offensichtlich die ganze Zeit Luft mitreinpumpt wird, um auch Platz im Darm zu haben – wo geht die eigentlich gleich hin? Langsam zieht der Doc den Schlauch zurück Richtung Ausgang, die Kamera zeigt eine fröhliche Rückwärtsfahrt durch rosa Höhlengänge, gleich kommt der Moment der Wahrheit. Kurz befürchte ich, da könnte jetzt auf einmal Luft und noch was anderes mit rauskommen, aber nein, es ist einfach nur ein leichtes und erleichterndes Gefühl, als der Schlauch rausgeht. Nix mit irgendwelchen mega Pups- oder Sonstwasgeräuschen, einfach nur raus und das war's. Puh, ist das schön. Anschließend werde ich noch für 20 Minuten in den Aufwachraum geleitet, den ich aber schon nach fünf Minuten wieder fröhlich verlasse, um zur Arbeit zu fahren. Sitzen auf dem Roten Sofa wird heute eine ganz andere Qualität haben.

Wenn man hört, wie viele Menschen an Darmkrebs erkranken und tatsächlich auch daran sterben, kann ich nur sagen, es besteht kein, aber auch gar kein Grund, sich vor einer Darmspiegelung zu fürchten. Sollte zur Vorsorge einfach dazugehören und ist wirklich nicht peinlich, schmerzhaft oder unangenehm, sondern einfach nur easy und dabei sinnvoll und lebensrettend.

Was blieb, waren die Bauchschmerzen. Aber bestimmt kamen die vom Rücken. Oder war da doch was anderes mit im Spiel, vielleicht was viel Schlimmeres?

Einige Jahre später im Frühjahr, waren ich mit den Jungs auf unserer alljährlichen Golfreise, „Golf in the sun" ist der Name unserer WhatsApp-Gruppe. Dieses Jahr war es Gran Canaria und alles war wunderbar. Sonnenschein, tolle Plätze, nettes Hotel, alles „takko". Wenn ich mich recht erinnere, hatte ich zum Zeitpunkt der Abreise einen stärkeren Anflug von Erkältung, den ich mit reichlich Ibuprofen im Griff gehalten habe. Es war am zweiten Tag, als ich auf Bahn acht pinkeln muss. Gekachelte Badezimmer mit Bidet sind jetzt nicht an jedem Golfplatz Standard, meist handelt es sich da um ein einfaches Toilettenhäuschen nach der halben Runde, nach Bahn neun. Darauf konnte ich aber nicht mehr warten und suchte mir deswegen einen etwas abseitsstehenden Olivenbaum. Wasser marsch, lautete die Devise, aber was ich dann sah, war schon ein wenig, sagen wir, irritierend. Ich sah nämlich Rot. Auch meine Freunde waren in Sorge, aber man rät allgemein zur Beruhigung: „Das muss ja nix Schlimmes sein!" War es dann auch nicht, weil nämlich Rot schnell wieder in Gelb umschlug und das danach auch so blieb. Also nur eine einmalige Blutausschwemmung. Nach der Reise ist das Internet als Dr. Google dann auch eher nur so mittelmäßig hilfreich. Wenn man will, kann man da auf die schlimmsten Krankheiten schließen. Da muss also ein Fachmann ran, sagte ich mir. Den besuche ich vier Monate später, vorher kam halt immer was dazwischen. Eventuell wars aber auch die Sorge, dass der was finden könnte. Und solange nichts gefunden wird, ist man ja schließlich auch nicht krank, oder?!

    Mit sämtlichen zur Verfügung stehenden Hilfsmitteln, einschließlich Finger, untersucht mich also der Urologe meines Vertrauens. Prostata und Blase werden ausgiebig betastet, be-ultraschallt und meine Flüssigkeiten im Labor gecheckt. Nichts. Was ja schon mal gut ist. Allerdings erwähne ich dann eben diese Blutgeschichte und meine gelegentlichen Schmerzen in der Bauchgegend. „Lassen Sie uns mal lieber ein MRT machen", rät der Doc. Na gut, kann nicht schaden. Ich also eine Woche später ab in die Röhre. Furchtbar so etwas, das knarzt und knackt und rumort aus allen Ecken und vor allem kriegt man Platzangst. Nach 20 Minuten ist es aber vorbei, anziehen und auf den Radiologen warten. In dieser Wartezeit fühle ich mich wie vor Gericht, oder wie vor der Zeugnisausgabe. Was, wenn doch was gefunden wird? Vielleicht kriege ich gleich vom Radiologen die schlechte Nachricht: „Tut mir leid, Herr Baumgarten, nur noch vier Wochen."

Nein, es ist offensichtlich alles o.k. und im Rahmen dessen, was man bei mir als nicht mehr ganz Zwanzigjährigem erwarten darf. Allerdings: „Hier oben am Blasenrand ist so ein klitzekleiner, etwas dunklerer Fleck. Normalerweise würde ich sagen, das ist nichts, aber das muss Ihr Urologe entscheiden, ich gebe Ihnen die Bilder gleich mit."

Mit dem Din-A1-Umschlag voller Bilder geht's zurück zum Urologen. „Ja", sagt der, „sieht alles gut aus. Und dieser Fleck, das ist wahrscheinlich nichts, aber ich will lieber auf Nummer sicher gehen. Da machen wir mal eine Blasenspiegelung." Eine was?, durchzuckt es mich, ernsthaft, eine Blasenspiegelung? Soweit ich weiß, geht man dabei mit einem „Guckgerät" vorne rein. Das ist ja furchtbar! „Wird man da auch betäubt?", fragte ich. „Na logisch, das ist ganz easy, dauert nur zehn Minuten und ist echt keine große Sache." Na gut, dann will ich das mal glauben.

Im Vertrauen auf diese Aussage, mache ich mir die Woche vor dem Termin keine großen Gedanken. Betäubung lautet da das Beruhigungswort.

Stutzig werde ich erst, als ich am Tag vor dem Termin mit meinem Freund Tom eine Runde Golf spiele. Ich begehe den Fehler, ihm zu erzählen, was mir morgen bevorsteht. Sofort fängt er an, sich zu krümmen. Das sei doch bestimmt furchtbar, wenn der da vorne durchgeht, das müsse doch wehtun! Ne, so etwas würde er nie machen lassen, da müsse es doch andere Wege geben!

Gibt es aber nicht, oder zumindest kannte ich die nicht, und außerdem würde ich es ja in 24 Stunden hinter mir haben.

„Ah ja, schön, Herr Baumgarten", sagt die offensichtlich russischstämmige Arzthelferin, als ich dann im Raum für ambulante Operationen in der Praxis stehe. Es ist Montagmorgen, und ab Mittags muss ich bei der Arbeit sein, „Rotes Sofa".

„Dann bitte alles ausziehen, auch Unterhose, T-Shirt können Sie anbehalten, und dann hier auf den Stuhl setzen, der Doktor kommt gleich." Dieses „Hier" ist ein Stuhl, den viele Frauen schon lange kennen und der nicht nur bei ihnen gemischte Gefühle auslöst. Nun mache auch ich mit ihm Bekanntschaft, dem Gynäkologenstuhl. Bedeutet: Anlehnen, Beine spreizen und hoch ablegen. Ich ahne jetzt schon, dass ich mich gleich irgendwie „ausgeliefert" fühlen werde. Noch allerdings bleiben die Beine unten und ich sitze lediglich nackt auf der dünnen Papierauflage des Stuhls. Nach fünf Untenrum-nackt-Minuten, kommt der Doc. „Moin, hallo, bitte Platz nehmen", sagt er fröhlich. Jetzt also hoch und auseinander mit den Beinen, das kleine Prachtstück soll frei zugänglich sein. „Ich gebe Ihnen jetzt erst mal ein Betäubungsmittel in die Harnröhre, das muss dann wirken und danach können wir loslegen." Die Betäubung verläuft folgendermaßen: Er nimmt eine volle Spritze (ohne Nadel) und spritzt das Mittel vorne am immer kleiner werdenden Penis in die Harnröhre, so nach dem Motto „Volles Pfund rein damit". Zum ersten Mal im Leben geht's andersrum, rein statt raus, herrlich. Dann nimmt er fix eine dieser Rundklammern, die normalerweise an Waschmaschinenschläuchen benutzt werden, um den Schlauch auf einem Zapfen festzuklemmen, öffnete die Klammer, steckte sie vorne über den verschreckten Penis und lässt sie „zuflitschen". „So, jetzt kann nichts mehr rauslaufen. Das muss jetzt zehn Minuten einwirken."

Diese zehn Minuten sind, ich kann es kaum anders sagen, leicht herabwürdigend. Da liegst du halb zurückgelehnt mit hochgelegten und gespreizten Beinen auf dem Gynäkologenstuhl, bist lediglich mit einem T-Shirt bekleidet (wobei, stimmt nicht ganz, zur optischen Verfeinerung hatte ich die Socken angelassen), und dein Pimmel baumelt schlaf und leblos mit einer Klammer um den Hals einfach nur so runter. Meine Hochachtung vor den Frauen, die recht regelmäßig diese herrliche Sitzposition erleben dürfen ...

„Ja", sage ich zur Auflockerung zu der russischstämmigen Arzthelferin, „das sieht ja mal gerade ziemlich bescheuert aus ... und ist mir auch irgendwie unangenehm." „Ist kein Problem", antwortet sie, „da haben schon viele gesessen und es ist ja auch gleich vorbei."

Na toll, denke ich, das macht es gerade kaum besser. Noch ahne ich nicht, dass zu allem gleich noch granatenmäßige Schmerzen kommen sollen.

Zehn Minuten Einwirkzeit dieser PB (Pimmelbetäubung) sind vorbei, der Doc kommt, schnappt sich seine Geräte, schaltet den Monitor ein und sagt: „Gucken Sie jetzt mal lieber weg, das sieht unschön aus, beobachten Sie einfach alles auf dem Monitor da an der Seite." Äh, ja, okay, denke ich mit dem Hauch Unsicherheit. Auf dem Monitor siehst du dann, wie eine Kamera auf dein Ding zukommt, dann wird es kurz dunkel, dann durch die Lampe wieder hell und man befindet sich in einem roten Höhlengang. Allerdings bin ich da gedanklich schon irgendwie raus, weil dieses Gefühl, vorne etwas in die Harnröhre gesteckt zu bekommen, nicht nur unangenehm, sondern mir auch unheimlich ist. Und dann höre ich einen Satz, den ich nicht vergessen werde: „Jetzt tut's mal kurz weh." nuschelt der Doc gerade, als es mich auch schon heftig erwischt. „Aaaahhhhhhrrr!" Vor Schmerz kriege ich kaum Luft und habe das Gefühl, durchstoßen zu werden. Offensichtlich ist das der Moment, als sich der dicke Schlauch seinen Weg durch die Stelle bahnen musste, wo die Prostata die Harnröhre umschließt. Ab dem Moment denke ich nur noch: Jetzt bloß nicht bewegen, sonst geht noch was kaputt. Alles tut weh und es steckt etwas in dir drin, was sich bewegt, schlimmer geht's nicht und ich bete heimlich, dass das gleich vorbei sein möge. Durch den Schlauch wird übrigens fortwährend Kochsalzlösung in die Blase reingepumpt, damit die sich füllt und dadurch gut zu betrachten ist. „Ne, da ist nix, warte, hier ... ne, auch alles okay", sagte der Doc, während ich langsam das Gefühl habe, meine Blase fliegt uns gleich um die Ohren. „Äh, ich glaube, ich kann langsam nicht mehr, das platzt gleich", stöhnte ich, da fängt der Doc auch schon an, den Schlauch zurückzuziehen. Ich erinnere mich an die Darmspiegelung und wähne mich kurz vor einer Art Erlösungsgefühl, da stelle ich fest, dass diese Rausbewegung richtig zwirbelt. Als wenn der Schlauch nicht ganz glatt wäre, nicht so richtig fluffig. Irgendwann ist er dann aber doch draußen und vorne kommt bei mir noch ein bisschen was rausgelaufen. Ich bin sprachlos und völlig am Ende. Alles tut weh, ich wage kaum zu schlucken. „Sie können gerne jetzt hier in diesen Eimer pinkeln", sagte die Schwester. Ne Freunde, jetzt reicht's, wenn ihr glaubt, ich kann in diesem Moment auch noch vor anderen unter Beobachtung pinkeln, dann habt ihr euch geschnitten. Ich will auf die Praxistoilette. Vorher allerdings muss ich noch vom Stuhl runter und mir meine Klamotten wieder anziehen. Allein das und dann der Gang zur Toilette bereiten mir erhebliche Probleme, meine Füße bewegen sich eher schleppend. Die erhoffte Erleichterung bleibt aus, alles ist verkrampft und ich kann mich gerade so des ersten Drucks entledigen. „Gute Nachricht, alles okay, ihre Blase ist blitzsauber!" Na immerhin, denke ich. Und danke, war ne großartige Idee, wegen dieser kleinen Vermutung gleich das große Besteck aufzufahren. Als kleine Anmerkung sei noch erwähnt, dass mein neuer Urologe meint, in so einem Fall sei es völlig ausreichend, die Blase von sich aus volllaufen zu lassen und dann mit dem Ultraschall zu kontrollieren, eine Blasenspiegelung sei immer das letzte Mittel.

Das erste Mal, dass ich an diesem Tag dann wieder richtig pinkeln kann, ist abends kurz vor der Sendung. Es sind manchmal die kleinen Dinge, die einen glücklich machen.

Übrigens hatte ich dann noch tagelang ein eher distanziertes Verhältnis zu meinem gepeinigten Freund. Da ich ahne, dass so etwas für Männer rein psychisch zum Problem werden kann, beschließe ich, den Ernstfall zu proben. Ausgemacht vorsichtig versuche ich deswegen fünf Tage nach der Spiegelung mich wieder in eine angeregte Stimmung zu versetzen. Tatsächlich habe ich Schiss, etwas kaputtzumachen. Es dauert und bedarf ein wenig mehr Fingerspitzengefühl, aber letztendlich bin ich erfolgreich. Nix kaputt, Funktionstüchtigkeit überprüft.

Was bist du bereit, für deine Liebe zu tun?

Teil 3: Heimlicher Beobachter

ANFANG MAI 2019. Langsam und möglichst leise drehe ich den Knauf der Pforte und schleiche mich in der Dunkelheit zwischen den Reihenhäuser hindurch. Jetzt bloß nicht irgendwo den Bewegungsmelder vor einer Tür ... zu spät. Grell leuchtet der Weg vor mir auf. Es geht bergauf. Ich kann im Grunde nur eines tun, um nicht aufzufallen: Lässig weitergehen, und falls jemand aus der Haustür kommt, sage ich einfach „Dzien dobre" und gehe weiter. Die kennen mich hier ja auch, den Deutschen, der immer so fleißig im Garten seiner polnischen Freundin arbeitet. Tatsächlich habe ich ja wirklich schon echt viel in Joannas Garten gemacht, zum Beispiel vor zwei Jahren die Terrasse, ca. 60 qm – und aus Holz. Was war das für eine Schweinearbeit, die Fläche zu kärchern und danach einzuölen! Bis in die letzte Rille im Holz, mein Rücken hat laut „Hurra" geschrien. Joanna hat sich darüber dann auch so gefreut, dass sie zwei Wochen später Schluss macht hat. Im Jahr darauf, als ich den Wintergarten gereinigt habe, dabei von der Leiter gerutscht und dem Tod nur knapp von der Schippe gesprungen bin, hat sie ebenfalls zwei Wochen später Schluss gemacht. „Steckt möglicherweise System dahinter?", frage ich mich, als ich aus dem Lichtkegel heraus den Weg weiter nach oben gehe. Wie sagt Joanna immer so schön: *„It's never boring with Joanna."* Stimmt! Auch dafür liebe ich sie. Und schließlich haben wir uns bisher noch immer wieder zusammengerauft. Es ist Leidenschaft, es ist Nähe, wir haben uns immer was zu erzählen und wahrscheinlich ist es mit mir auch nicht immer nur einfach. Gerade ist wieder mal Schluss, obwohl ich keine Arbeiten am Haus verrichtet habe. Aber ich habe ja den Plan aller Pläne. Apropos Plan: Ist das eigentlich eine gute Idee, heimlich den Weg zu ihrem Haus hochzugehen? In Danzig, im Dunkeln, um 22 Uhr, wie ein Einbrecher? Was, wenn Joanna mich jetzt sieht? Was, wenn ich in ihrem Haus einen anderen Mann sehe? Es nieselt. Mein Puls beschleunigt sich, ich werde nervös und fange an zu zittern. Dann stehe ich vor ihrem Haus. Mit größter Vorsicht schleiche ich rechts am Haus die Treppe zum Garten hoch, öffne die Pforte und versuche, einen Blick in den Wintergarten zu erhaschen. Im Haus brennt Licht, und ich höre leise Musik. Niemand zu sehen. Das Wohnzimmer wirkt, als hätte da eben noch jemand gesessen. Nur EIN angetrunkenes Weinglas, stelle ich erleichtert fest. Vorsichtig ziehe ich mich zurück. KNACK! macht ein Ast unter meinen Füßen. Ich bekomme Panik. Bloß schnell weg hier, bevor mich jemand entdeckt! So schnell ich kann schleiche ich durch die Pforte wieder hinaus, renne die kleine Treppe runter und dann wieder auf den Weg und bis runter zu dem Tor, das von den Anwohnern nur eher selten benutzt wird. Und natürlich erwischt mich kurz vor dem Tor wieder der Bewegungsmelder. Obwohl es kühl und nieselig ist, bin ich total durchgeschwitzt, als ich wieder in meinem Auto sitze.

In einem Zapka, einer Art Kiosk, der durchgängig geöffnet hat, kaufe ich Chips und Dosenbier und fahre ins Hotel, fünf Minuten entfernt von Joannas Haus.

Als ich dann endlich auf meinem Zimmer bin, habe ich Zeit runterzukommen und meine Gedanken zu ordnen. Allerdings lenkt mich da etwas ab, ein Geräusch. Als ich genauer hinhöre, nehme ich ein Stöhnen wahr. Ich öffne vorsichtig die Tür, das Stöhnen kommt aus einem anderen Zimmer. Ich kann mich nicht dagegen wehren, tatsächlich wirkt diese hörbare Leidenschaft anregend auf mich. Schluss, Hinnerk, schnell wieder zurück ins Zimmer. Das wird ja langsam peinlich. Eben gerade noch um Häuser schleichen und jetzt hier den Spanner machen. Aber stell dir mal vor, das klappt morgen alles und Joanna und ich liegen uns wiedervereint in den Armen. Vor 12 Stunden bin ich in Timmendorf losgefahren, jetzt bin ich tatsächlich hier und es macht sich in diesem einsamen Hotelzimmer eine warme, hoffnungsvolle Sehnsucht in mir breit.

Abschied von Papa
Teil 2: Die letzten Jahre

Und dann siehst du deinen Vater nach dem ersten Schlaganfall. Du begreifst es erst gar nicht, was das jetzt soll. Er hinkt ein bisschen, das Gesicht ist normal, aber das Sprechen klingt anders. Papa ist Anfang 60, als er irgendwo im Osten mit dem Auto unterwegs ist und ihn der Blitz im Kopf trifft. Eigentlich hat er fast noch Glück, es passiert nichts beim Autofahren und er kommt recht zügig ins Krankenhaus, Mutti ist noch am gleichen Tag bei ihm. Papa kommt in die Reha und fängt sich dann auch langsam wieder. Was sich nicht fängt, ist die Arbeit. Plötzlich geht alles den Bach runter. Alles, was sich meine Eltern aufgebaut haben, gerät ins Wanken. Erst einige Monate zuvor hatten sie die beiden Drogerien verkauft und Papa war ins Abfallentsorgungsgeschäft eingestiegen. Damals war er in einer Firma in Schwerin Geschäftsführer. Durch den Schlaganfall entgleitet ihm die Kontrolle und hinter seinem Rücken passieren Dinge, die er niemals so gemacht hätte, für die er aber weiterhin juristisch verantwortlich bleibt. Es beginnt eine echt schlimme Zeit. Die Firma zerbricht, Schulden häufen sich an und es heißt, Papa müsse zahlen. Dabei hatten sie gerade das große Haus verkauft, um sich davon ein kleineres, ebenerdiges Haus zu bauen und die Restschuld vom alten zu begleichen. Was jetzt folgt, ist der tägliche, angstvolle Blick in den Briefkasten. Kommen da Forderungen von Rechtsanwälten? Die Anteilseigner der Firma saßen ihm im Nacken, es sah fast so aus, als hätten sie nur auf so eine Gelegenheit gewartet und wollten sich ein Abschreibungsobjekt bezahlen lassen. Alles merkwürdig, alles nicht sauber, alles extrem deprimierend für meine Eltern. Es kommt dann tatsächlich zu einem Vergleich. Aber mit Arbeit ist dadurch endgültig Schluss. Erstens ist Papa nicht fit und zweitens gibt es die Firma nicht mehr. Jetzt sitzt er zu Hause und auch Mutti ist ein wenig verzweifelt. Früher war er wegen seiner Arbeit nur am Wochenende da und sie konnte flitzen gehen, wie er es nannte. Ich nenne es klug, weil sie sich Hobbys gesucht hat, die sie heute mit Mitte 80 immer noch in Bewegung halten, geistig wie körperlich. Mutti spielte regelmäßig Golf und Bridge. Das war mit Papa zu Hause nicht mehr ganz so einfach möglich, sie wollte ihn nicht gern allein lassen, und er selber war in Sachen Hobbys eher der inaktive Part. Es begann eine Zeit, die ich als Mischung aus entspannt und besorgt bezeichnen möchte. Die Rente war ziemlich schmal, große Sprünge waren nicht mehr drin, aber immerhin war das Haus bezahlt. Papa wurde immer passiver, Mutti musste alles regeln. Sven war inzwischen mit seiner Familie in die Pfalz gezogen, ich war nach meiner Radiozeit beim NDR-Fernsehen in Hannover gelandet, sollte aber dann sehr bald zum NDR nach Hamburg wechseln.

Interessanterweise zeigte sich in dieser Zeit, dass Papa auch zu Mathilda ein anderes Verhältnis hatte als zu Svens Kindern. Die beiden verstanden sich gut. Für meine Tochter war er der Opi, der er für Svens Kinder nicht oft war. Papa wurde überhaupt, sagen wir, milder. Oft führten wir ruhige Gespräche, bei denen ich mit ihm über meine Probleme in Liebesdingen gesprochen oder ihn um beruflichen Rat gefragt habe.

Diese Ruhe wurde jäh unterbrochen, als mich Mutti anrief und mir so quasi nebenbei erzählte, dass Papa nachmittags auf der Terrasse schlecht geworden sei und er ein schiefes Gesicht bekommen hätte. Er habe eine Aspirin genommen und sich etwas hingelegt, und jetzt gehe es ihm schon wieder etwas besser, sagte sie. „Sag mal, seid ihr verrückt, das ist doch ein Schlaganfall, ihr müsst sofort ins Krankenhaus!", rief ich ins Telefon. Zu dieser Zeit lebte ich schon in Hamburg und konnte daher nicht sofort bei Ihnen sein. Meine Mutter machte glücklicherweise, was ich sagte, und fuhr mit Papa in die Medizinische Hochschule nach Hannover. Was sich dort abspielte, ist ein Trauerspiel für das deutsche Krankenhauswesen. Man ließ meine Mutter und meinen schiefgesichtigen Vater in der Notaufnahme endlos warten, um ihnen dann ohne weitere Untersuchung, aber nach Schilderung der Symptome, zu raten, in ein anderes Krankenhaus zu fahren. Hier sei es momentan zu voll. Schon leicht benommen von der Situation, fuhr meine Mutter in ihrer Not mit meinem gepeinigten Vater ins 45 Kilometer entfernte Celle ins Krankenhaus. Dort wird – wie es bereits in Hannover hätte passieren müssen – umgehend Alarm geschlagen. Natürlich war sein Zustand inzwischen nicht besser geworden. Als ich am nächsten Tag in Celle im Krankenhaus ankam, war er schon an der Halsschlagader operiert worden.

Man hatte ihm einen Bypass gelegt, weil die Ader total verstopft war. Auf den ersten Blick sah alles nach einer gelungenen Operation aus, aber schon einige Tage später merkte ich, wie schwer es ihn erwischt hatte und dass er trotz OP immer stärker abbaute. Das Sprechen fiel ihm so schwer, dass er nur unter höchster Anstrengung einige Krächzlaute von sich geben konnte. Die Hand war nach innen verdreht, der Arm steif angewinkelt, er hatte ganz hohle Wangen und einen großen OP-Schnitt an der Halsschlagader.

Wir brachten Papa in die Reha nach Soltau. Drei Wochen war er da, und wenn ich ihn besuchte, war da diese beklemmende

Stimmung. Ich spürte die Angst, die er hatte. Aber ich meinte auch eine leichte Besserung zu bemerken, vor allem, nachdem ich mich dafür einsetzte, dass er früher wieder nach Hause konnte. Das schien ihm gutzutun. Das Sprechen verbesserte sich etwas, außerdem kam wieder etwas Lockerheit in seine Arme.

Papa war sichtlich erleichtert, als er nach Hause kam. Inzwischen hatten wir ein Pflegebett organisiert und ihm das ehemalige Büro im Haus als Schlafzimmer eingerichtet.

„Versuch es doch wenigstens mal, lies einfach jeden Tag eine Seite laut vor." Wie oft habe ich versucht, meinen Vater zu motivieren, um seine Gesundheit zu kämpfen. „Lass uns versuchen, ein bisschen zu gehen!" Es nützte leider nichts, er machte zwar auch Sprach- und Bewegungstherapie, aber eher motivationslos. Allerdings, wenn sein Hausarzt Dr. Dehning, der wirklich großartig war, wenn *der Doc* ihn besuchte, dann versuchte er immer seine Krankheit runterzuspielen. „Alles Scheiße ...", brachte er immer raus, versuchte aber dabei einen fröhlichen Eindruck zu machen. Während wir auf Besserung hofften, habe ich im Nachhinein das Gefühl, er konnte nicht mehr.

Wenn er nachts aufstand, weil er pinkeln musste, fiel er regelmäßig hin. Mutti musste ihm aufhelfen und ihn zur Toilette bringen. Überhaupt war es hart für sie. Sie hatte plötzlich einen 24-Stunden-Pflegejob, der nur unterbrochen wurde, wenn morgens der mobile Pflegedienst kam, um Papa zu waschen und anzuziehen.

Ja, Papa bewegte sich noch im Haus, gelegentlich schaffte er es auch, allein auf die Toilette zu gehen. Manchmal saß er auf dem Sofa und man konnte sich sogar halbwegs mit ihm unterhalten. Seine Worte kamen bis auf „Scheiße" undeutlich und gepresst, aber zumindest schien er noch alles zu verstehen.

Dann kam der Januar 2016. Mit erstickter Stimme rief mich meine Mutter an, ich war zufällig mit Mathilda in Hannover. „Kannst du bitte kommen, ich bin im Wald gefallen, liege zu Hause und mein Fuß ist ganz geschwollen." Alarm. 25 Minuten später waren Mathilda und ich in Ehlershausen. Das Bild werde ich nicht vergessen. Mutti lag stöhnend auf dem Sofa, hatte den Fuß hochgelegt und konnte sich nicht bewegen. Papa lag im Bademantel davor auf dem Boden, rührte sich kaum und hatte in die Hose gemacht. „Okay, Mathilda, du kümmerst dich um Oma, bringst ihr Wasser und unterhältst dich mit ihr. Ich versorge Opa." Ich half meinem Vater vom Boden auf, brachte ihn ins Bad, zog ihm die nassen Hosen aus, setze ihn auf die Toilette. Er hatte Stuhlgang. Für mich kein Problem, wie war das in dem Moment für ihn? Dann machte ich ihn sauber, suchte neue Wäsche raus und brachte ihn ins Bett. Jetzt war Mutti dran. Sie sah schlecht aus. Was war passiert?

Sie musste einfach mal raus an die frische Luft, sagte sie. Dabei sei sie im Wald auf dem gefrorenen Boden über eine Wurzel gestolpert und hingefallen. Mit dem offensichtlich gebrochenen Bein hatte sie sich irgendwie wieder nach Hause geschleppt. Papa hatte ihr helfen wollen, war dabei selbst hingefallen und konnte nicht mehr aufstehen. Mathilda war großartig und liebevoll in dieser Situation. 15 Jahre alt und eine echte Hilfe. Wir einigten uns, dass sie im Haus bei Opa bleibe und ich mit Oma ins Krankenhaus nach Großburgwedel fahre.

Das mit dem Krankenhaus wird dann eine ganz große Freude. Eigentlich ist nicht viel los, aber im Laufe des Abends kommen immer mehr Patienten in die Notaufnahme. Und Akutfälle haben Vorrang, da muss so ein wahrscheinlich nur semiakuter Beinbruch schon mal warten. Und wir warten … Nach etwa drei Stunden können wir endlich wieder nach Hause. Mutti im Gips. Das Ganze wird mindestens fünf Wochen brauchen, ist nämlich ein glatter Bruch. Immerhin kriegen wir einen Rollstuhl mit. „Wie soll ich mich denn jetzt um Papa kümmern?", war ihre größte Sorge.

Als wir wieder in Ehlershausen ankamen, saßen Mathilda und Papa im Wohnzimmer und guckten Fernsehen. Etwas später brachte ich ihn ins Bett. Dann machte ich in der Küche und im Wohnzimmer etwas Ordnung und wir probierten mit Mutti aus, wie sie mit dem Rollstuhl im Haus zurechtkam. Fahrtraining mit Gipsbein, sozusagen. Eigentlich klappte alles ganz gut, und als sich Mutti von diesem Tag einigermaßen erholt hatte, fuhren Mathilda und ich erst mal zurück nach Hannover.

In den nächsten Tagen stellte sich heraus, dass der Rollstuhl sogar einen gewissen Vorteil bot. Papa konnte sich an ihm festhalten, sich aus dem Bett hochziehen und beim Gehen dann darauf stützen. Aber natürlich mussten wir schnell eine Lösung finden, Mutti war am Rande der kompletten Erschöpfung.

Wir beschlossen als vorerst kleine Lösung, dass Papa zweimal die Woche in die Tagespflege kommt. Er wurde morgens abgeholt und abends wieder nach Hause gebracht. Das bedeutete zumindest ein bisschen Entlastung für Mutti.

… was vom Leben bleibt

FEBRUAR 2016. Es ist Freitagnachmittag gegen 17 Uhr, ich bin mitten in der Sendung, es läuft gerade Musik, als mein Telefon vibriert. Mutti ist dran, sie wisse noch nichts Genaues, sagt sie aufgeregt, aber Papa habe sich wohl in der Tageseinrichtung verschluckt und sei nun auf der Intensivstation der Medizinischen Hochschule Hannover. Bevor ich losfahre, rufe ich Ira an, ob sie Marlene abholen könne, eventuell mit Mathilda zusammen, schließlich kann sie mit dem Gipsbein ja nicht Auto fahren. Ira macht es, logisch, kein Problem, wir helfen uns, wo wir können. Gegen 19 Uhr treffen wir uns alle vier auf der Intensivstation in der MHH. Der Arzt kommt sofort zur Sache. Papa hat sich nachmittags beim Kaffeetrinken an einem Stück Kuchen verschluckt und musste zweimal reanimiert werden. Erst von den Pflegern und später noch mal vom eingetroffenen Notarzt. Leider sei außerdem Erbrochenes in die Lunge geraten und habe diese verätzt. Papa liege jetzt im Koma, es bestehe nahezu keine Hoffnung mehr. Klare Worte, aber vertrauensvoll und empathisch rübergebracht. Als wir noch etwas zur Patientenverfügung sagen möchten, meint er nur, wir sollten uns keine Sorgen machen, die Verantwortung müssten nicht wir übernehmen, dass würden er und seine Kollegen tun, wir könnten ihm vertrauen, dass sie das Beste für unseren Vater machen würden.

Da liegt er nun. Piep, piep, piep, piep ... und dieses schnarrende Geräusch der Beatmungsmaschine. Ich streiche sein Gesicht, es ist kühl, runtergekühlt, um weitere Schäden am Hirn zu vermieden. Wir sprechen zu ihm, fühlen die Hoffnungslosigkeit. Tränen fließen.

Am Wochenende bleibe ich in meiner kleinen Wohnung in Hannover. Papas Zustand ändert sich nicht, wir sind zweimal täglich bei ihm und versuchen mit ihm zu sprechen, ihm zumindest etwas zu erzählen. Einmal höre ich, wie Mutti zu ihm sagt: „Martin, ich hab' dich doch lieb, versuch doch zurückzukommen. Weißt du noch, wie wir früher alles zusammen gemeistert haben?"

Ab Montag bin ich die ganze Woche über wieder bei „DAS!" in Hamburg im Einsatz, setze mich aber jeweils nach der Sendung um halb acht ins Auto, um nach Hannover zu fahren. Abends besuche ich kurz Mutti, übernachte dann in Hannover und fahre morgens in die MHH zu Papa. Anschließend dann wieder zurück nach Hamburg, um an unserer täglichen 12-Uhr-Konferenz teilzunehmen.

Ira ist in dieser Zeit wirklich großartig. Sie kümmert sich um Mutti, bringt ihr Essen, fährt mit ihr täglich am Nachmittag ins Krankenhaus und ist auch sonst einfach da. Trotz der jahrelangen Trennung sind wir uns total nah in diesen Tagen, und ich weiß, ich kann mich wie selbstverständlich auf sie verlassen.

Am Mittwochmorgen verfolge ich an seinem Bett, wie die Ärzte versuchen, Papas Temperatur langsam wieder zu erhöhen. Aber es kommt wie befürchtet, sein ganzer Körper fängt an zu zucken. Ein deutliches Zeichen dafür, dass sein Gehirn durch das zweimalige Ersticken eine Sauerstoffunterversorgung erlitten hat. Der Arzt gibt mir zu verstehen, dass er keine Chance mehr für meinen Vater sieht. „Wir müssen der Natur ihren Lauf lassen", sagt er. Man würde jetzt langsam die Beatmung und die Medikamentierung reduzieren und werde dann sehen, wie der Körper reagierte, ob mein Vater noch die Kraft zum Weiterleben habe.

Ich bin traurig in diesen Tagen, ich merke, dass ich mich von Papa verabschieden muss. Ich weiß aber auch, dass ich momentan einfach funktionieren muss.

Nachmittags bis abends arbeiten, mich den Talkshowgästen zuwenden, sie vor der Kamera befragen, dann das Pendeln zwischen Hamburg und Hannover, und alles, während mein Vater gerade stirbt. Dazu noch Mutti mit ihrem gebrochenen

Bein, die ja noch mehr Schmerzen, noch mehr Trauer gerade erlebt, schließlich geht es um Ihren Mann, mit dem sie seit 50 Jahre verheiratet ist. Auch für sie muss ich eine Stütze sein. Wenn man so will, habe ich die ganze Zeit in den Profimodus umgeschaltet.

Immer um 18:30 Uhr gehe ich aus unserem kleinen Büro in der vierten Etage runter ins Studio, Sendebeginn ist 18:45 Uhr. Die Zeit vorher brauchen wir, um hier und da noch etwas zu proben und unsere Gäste auf die Live-Sendung einzustimmen.

Als ich an diesem Samstagabend nach der Sendung wieder nach oben komme, sehe ich einen Anruf auf meinem Handy.

18:32 Uhr – Anruf der Medizinischen Hochschule Hannover.

Da wusste ich, mein Vater war gestorben.

Ich setzte mich ins Auto, telefonierte mit Mutti, hing auf der Fahrt tausend Gedanken nach und weinte.

Um 21 Uhr bin ich im Krankenhaus. Mutti und Ira erwarten mich vor dem Raum, in dem die Verstorbenen aufgebahrt werden. Wir gehen hinein, links stehen zwei Stühle, auf denen die beiden Platz nehmen und wo sie schon vorher eine Stunde gesessen haben. Papa liegt auf einem weißen Bett. Es ist dunkel, hinter dem Bett flackern lediglich zwei Kerzen. Ich beuge mich zu ihm herunter, nehme ihn in den Arm und spüre die Kälte des toten Körpers. Die Haut ist gräulich verfärbt, das Gesicht fahl. Es ist nur noch eine Hülle, ich spüre Papa nicht mehr in diesem Körper.

Das ist also das Ende. So hat mein Vater dieses Leben, diese Erde verlassen. Das ist es, wovor er Angst hatte. So gelassen und vielleicht spöttisch er mit 40 noch über den Tod gesprochen hat, nach dem Motto „Kiste auf, rein und weg", so sehr hat er sich in den letzten Monaten an das Leben geklammert. Ich habe das gespürt. Zwar wollte er dieses Leben so nicht mehr, aber er hatte gleichzeitig auch unsagbare Angst vor dem Tod. Ein Grauen war es für ihn, sich vorzustellen, im Krankenhaus zu enden. Aber genau das ist passiert. Da liegt Martin Baumgarten, liebevoller Weihnachtsmann, verschwenderischer Eiskäufer, toller Redner, gutaussehender Kerl, Ehemann, Opa – mein Vater: tot. Einfach tot, gestorben, weil er sich an einem Stück Kuchen verschluckt hat.

Die nächsten Tage arbeite ich nicht, sondern kümmere mich mit Mutti um die Beerdigung. Da ist auf der einen Seite das Bürokratische, mit Behördengängen oder Kündigung von Versicherungen, und auf der anderen Seite suchst du im Bestattungsinstitut die Urne aus. Etwas, was wir im täglich Leben ausklammern, wird plötzlich Realität.

Mit meinem Bruder Sven bin ich währenddessen in ständigem Kontakt. Er arbeitete zu der Zeit in Johannesburg und wir waren uns einig, dass es nicht sinnvoll sei, jetzt schnell nach Deutschland zu kommen, zumal unser Vater ja im Koma lag. Natürlich spielte dabei auch das angespannte Verhältnis der beiden zueinander eine Rolle. Sven kam aber zur Beerdigung nach Deutschland. Es war gut so.

Und diese Beerdigung wollte ich selbst organisieren. Natürlich beziehe ich Mutti in den Ablauf mit ein, aber grundsätzlich will ich alles selbst machen. Ich will nicht, dass da jemand spricht, der Papa gar nicht kannte und wahrscheinlich ist das für mich dadurch auch eine Form von Abschiednehmen. Ich denke mir eine Begrüßung aus, schreibe eine Rede, überlege mir Gebete. Gebete, die nicht unbedingt etwas mit Religion zu tun haben, sondern eher Wünsche darstellen. Im Hinterkopf habe ich dabei, was Papa vielleicht an meiner Stelle gemacht und gesagt hätte. Hätte er gesungen? Nein. Deswegen soll auf seiner Beerdigung auch nicht irgendein Kirchenlied gesungen werden, sondern wir spielen über eine Anlage die Songs, die er immer gern gemocht hat. Der Bestatter ist zwar etwas verwundert, aber am Ende eine große Hilfe bei der Umsetzung. Da stehe ich nun am Mikrofon in der gut gefüllten, kleinen Kapelle. Ich begrüße die Trauergäste, spreche davon, wie dankbar ich den Menschen bin, die in den letzten Wochen unserer Familie beigestanden und geholfen haben. Danke Ira und ihrem Partner Marcel für ihre Hilfe, danke Mathilda, dass sie so stark war und die letzten Wochen gemeinsam mit uns erlebt hat, danke Joanna, die mir immer eine Stütze war und auch hier ist, danke Sven, dass er da ist. Dann spiele ich ein Lied, das in seiner Traurigkeit eine berührende Geschichte erzählt und Hoffnung macht, „Amoi seg' ma uns wieder" von Andreas Gaballier. Man kann die Gedanken fast spüren, denen die Anwesenden in der Kapelle nachhängen. Als ich danach mit meiner Rede auf meinen Vater beginne, werfe ich spontan fast alles über den Haufen, was ich mir vorher zurechtgelegt habe. Als ich die Gesichter der vielen Freunde und Bekannten sehe, denke ich mir, sie alle haben eine Geschichte, haben Erlebnisse mit ihrem Martin. Daran will ich erinnern und fange an, zu erzählen. Erzähle von den Kartenabenden mit Friedhelm und Eberhard in Lehrte, vom Fasching in Ramlingen mit Rüdiger. Es fällt mir zu so vielen etwas ein und man kann in der Kapelle überall ein Lächeln durch die Bänke huschen sehen. Und es fällt mir dieser eine Satz ein, der mich glücklich macht, weil er mir überhaupt eingefallen ist, weil er einfach so wahr ist. Mit diesem Satz beende ich meine Rede: „Papa, Martin Baumgarten war mehr als die schlechte Zeit der letzten Jahre, er war vor allem auch die vielen guten Jahrzehnte davor. So sollten wir ihn in Erinnerung behalten."

Es sind zwei Dinge, die bei mir bei aller Trauer ein gewisses Glück, eine Dankbarkeit hinterlassen: Zum einen, dass Sven sich beim anschließenden Traueressen bei mir für die Trauerfeier bedankt und sagt, er könne jetzt Frieden mit seinem Vater schließen. Zum anderen, dass ich selbst es einige Monate vor seinem Tod geschafft hatte, meinem Vater etwas ganz Wichtiges zu sagen, ihm, mit dem über Gefühle zu reden so gut wie ausgeschlossen war. Ich hatte es geschafft zu sagen, dass ich ihn liebe.

Die Leiden des jungen Baumgarten

Jetzt reiß dich mal am RieMann!

Bis heute vergeht ungelogen kaum ein Tag, an dem ich nicht auf die Geschichte mit Katja Riemann angesprochen werde. Das spricht natürlich erst mal für die starke Prominenz dieser wunderbaren Schauspielerin und zum anderen dafür, dass das wohl echt viele Menschen damals mitbekommen haben. Kein Wunder, das Video dazu wurde im Netz millionenfach angeklickt, Zeitungen, Radio und Fernsehen hatten ausführlich berichtet.

Seit Ende 2006 bin ich neben meinen geliebten Kolleginnen Bettina Tietjen und Inka Schneider Gastgeber auf dem „Roten Sofa" im NDR Fernsehen. Wir drei harmonieren sehr gut, obwohl oder gerade weil wir sehr unterschiedlich sind. Die Zuschauerinnen und Zuschauer mögen uns offensichtlich als Team und erfreuen sich daran, dass dieses heterogene Team ihnen eine verlässliche Abwechslung bietet.

Für mich ist es immer wieder ein besonderer Reiz, im Rahmen unserer Sendung spannende Menschen kennenzulernen. Das können Sängerinnen und Sänger sein, Schauspielerinnen und Schauspieler, Celebrities, Wissenschaftlerinnen und Wissenschaftler, Politikerinnen und Politiker, Autoren, Extremsportler, Bergsteiger, Köche, Comedians, Models, Stars, Normalos, Journalisten, Influencer und und und ... Fast könnte man sagen, durch unsere Show kennen wir so ziemlich alle Menschen, die in Deutschland irgendwie in der Öffentlichkeit stehen. Man darf nicht vergessen: Etwa 350 Sendungen im Jahr, jeden Abend ein Gast.

Ich empfinde das als extrem bereichernd für mein Leben. Es ist unglaublich, was man durch diese Begegnungen alles lernt. Man bekommt Einblicke in Dinge und in Menschen, die man normalerweise nicht so geballt erhält.

Oft werde ich gefragt, welche Gäste mich am meisten beeindruckt haben. Die Antwort ist schwierig, weil ich in der Tat schon so viele ganz, ganz tolle Menschen kennengelernt habe. Authentische und tiefgehende Gespräche, das ist der Kern unserer Sendung.

Als jemand, der 1987 Abitur gemacht hat, in der Schule also noch etwas über deutsche Geschichte gelernt und in diesem Rahmen etwa auch die KZ-Gedenkstätte Bergen-Belsen besucht hat, habe ich aber einen Gast ganz besonders im Herzen behalten. Die Begegnung mit Yehuda Bacon, 1929 geboren, mittlerweile in Jerusalem lebend, war für mich zutiefst bewegend. Dieser freundliche und warmherzige Mann erzählte mir auf dem Roten Sofa von seiner Zeit im Konzentrationslager Auschwitz, wohin er als Jugendlicher mit seiner Familie deportiert worden war. Wenn man das so sagen kann, dann hatte er dahingehend Glück, dass man ihn als Lagerarbeiter benutzt hat und er deswegen nicht einfach umgebracht wurde. Er lernte aber die Erbarmungslosigkeit und den Schrecken von Auschwitz auf brutalste Weise kennen: Seine Aufgabe war es an diesem Wintertag 1944/45, die glatten Wege mit Asche zu bestreuen. Während der Arbeit musste er aus einiger Entfernung mitansehen, wie man seinen Vater in die Gaskammer brachte. Anschließend wurden die Leichen verbrannt. „Weißt du", erzählt mir Yehuda, „da habe ich dann gesehen, wie mein Vater als Rauch durch den Schornstein in den Himmel zog und danach musste ich seine Asche auf die Wege streuen." Da sitzt dir dieser Mann gegenüber, erzählt von dieser schrecklichsten Qual und strahlt dabei dennoch Warmherzigkeit und Friedfertigkeit aus. Ich hatte Tränen in den Augen. All die Gräueltaten, von denen ich in der Schule gelernt hatte, die Mahnmale, die ich gesehen hatte, all das wird an diesem Tag für mich etwas Fassbares, wird für mich lebendige Geschichte. Ich kann gar nicht sagen, wie sehr ich die Art und Weise bewundere, wie Yehuda Bacon davon erzählte und dabei immer versöhnlich blieb. Er will Brücken bauen, damit so etwas nie wieder passieren kann, damit wir uns immer wieder erinnern und gemeinsam an dieser Geschichte arbeiteten. Einige Jahre nach dieser Begegnung habe ich die Gedenkstätte Auschwitz besucht. Ich bin der festen Überzeugung, das sollte jeder einmal im Leben getan haben.

Für mich als Moderator ist es wichtig, eine Stimmung während der Sendung zu erschaffen, in der unsere Gäste nicht mehr das Gefühl haben, im Fernsehen zu sein. Ich möchte all die Scheu und Vorsicht, die damit einhergehen würde, abschalten. Ich will kein Abfragen, es soll eine ehrliche und offene Unterhaltung entstehen.

So ein offenes und emotionales Gespräch hatte ich auch mit Bob Geldof, der in der Sendung geweint hat, weil er sich eine Mitschuld am Drogentod seiner Tochter gegeben hat. Oder Natascha Kampusch, die bei uns zum ersten Mal richtig erzählte, wie sie dieses Martyrium ihrer jahrelangen Gefangenschaft erlebt hat.

Auf der anderen Seite fand ich es auch nicht uninteressant, mich angeregt mit Gisele Bündchen zu unterhalten, sich gegenseitig Kinderfotos zu zeigen und sich mit Küsschen links, Küsschen rechts zu verabschieden.

Was auf dem Roten Sofa so alles passiert, ist wahrscheinlich einmalig im deutschen Fernsehen. Wahrscheinlich liegt es auch daran, dass wir live senden. Da wird nichts geschnitten, das passiert alles in dem Moment, in dem man es im Fernsehen sieht.

Und natürlich kann da auch mal etwas passieren, was in der Form nicht unbedingt geplant ist.

Womit wir also bei Katja Riemann im März 2013 wären.

Im Vorfeld der Sendung war mir bereits zugetragen worden, sie sei möglicherweise nicht ganz unkompliziert im Interview. Auf Wunsch der Agentur hatte ich mir deswegen auch vorher artig den neuen Film von ihr per Internetlink angesehen, um darüber dann informiert sprechen zu können.

Es war am Sendetag um 18.30 Uhr, als wir uns zum ersten Mal im Studio vor dem Roten Sofa begegneten. Wir begrüßten uns, tauschten ein paar Worte aus, nichts Besonderes. Allerdings merkte ich da schon, dass eine gewisse Skepsis von ihrer Seite aus vorhanden war. Der Sendung und mir gegenüber.

Es wurde 18.45 Uhr und wir gingen live auf Sendung. Anfangs redeten wir darüber, dass Franziskus an diesem Tag zum neuen Papst gewählt worden war, sowie über den Tod einer älteren Schauspielkollegin. Als wir danach auf den neuen Film zu sprechen kamen, kam es zu ersten gefühlsmäßigen Unstimmigkeiten. Vielleicht waren meine Fragen nicht fachspezifisch genug, vielleicht wusste sie auch nichts mit den Fragen anzufangen, jedenfalls ruckelte es hier schon leicht.

Weiter ging es mit einer kurzen Reportage, in der sich ein Kollege auf die Spurensuche in ihren Heimatort begibt.

Dieser Film ist ein Loblied auf Katja Riemann. Unter anderem berichtet ihre ehemalige Musiklehrerin in warmen Worten, wie sie als Schülerin war. Tenor des Films ist, wie gern sich alle Menschen des Dorfes an ihre ehemalige Bewohnerin erinnern. Nach dieser Reportage kippt die Stimmung vollends. Katja Riemann empfindet diesen Film als außerordentlich kompromittierend und unangenehm, als peinlich, wie sie sagte. Das wiederum erwischt mich komplett auf dem falschen Fuß, ich hatte eher mit dem Gegenteil gerechnet. Ab hier läuft nun gar nichts mehr, Katja stellt offen ihren Unmut zur Schau, stellt plötzlich Fragen zur Sendung und zum Licht, antwortet nur noch lustlos. Mein Gott, was geht denn hier jetzt gerade ab?, denke ich.

Von außen kommt in der ganzen restlichen Sendung übrigens: nichts. Noch nie habe ich eine Regie oder Aufnahmeleitung so still erlebt.

Was machst du in so einem Fall? Ich versuchte freundlich zu bleiben und habe weiter Fragen gestellt. Irgendwann war es endlich 19.30 Uhr und die Sendung war geschafft. „Tschüss und vielen Dank, schade, dass Ihnen der Film über Ihre Heimat nicht gefallen hat." So gehen wir auseinander.

Was dann an medialem Gewitter losbrach, kann man sich kaum vorstellen. Zunächst gab es nur eine Randnotiz in einem Medienblog.

Aber daraus wurde eine so große Geschichte, als gäbe es sonst nichts auf der Welt. Am nächsten Morgen war die Geschichte auf der Titelseite der *Bild* – deutschlandweit. Was danach kam, sprengt jegliche Vorstellungskraft. Mein Handy stand nicht mehr still, die NDR-Öffentlichkeitsabteilung hatte alle Hände voll zu tun, denn gefühlt wollte jede Zeitung, jeder Radiosender, jedes TV-Programm ein Interview mit mir. Ziel war natürlich, dass ich noch was vom Leder lassen würde, um das Thema weiter zu befeuern. Ziemlich schnell kam ich dann aber für mich zu dem Ergebnis, dass es am besten ist, wenn ich nur einige Schlüsselinterviews gebe. Nachtreten wollte ich nicht, deswegen dann der Tenor: „Es war nicht Liebe auf den ersten Blick, aber man kann es ja irgendwann noch mal versuchen."

Die Sache spaltete die deutsche Medienlandschaft damals klar in zwei Lager. Das eine, das meine Seite unterstützte, und das andere, dessen Sympathie eben bei Katja Riemann lag. Das gipfelte dann in einem Artikel im Feuilleton einer großen deutschen Tageszeitung, in der auf einer ganzen Seite beschrieben wurde, was für eine großartige Künstlerin Frau Riemann sei, die ausgerechnet auf so einen Typen wie mich treffen musste, dem, wie es in dem Artikel heißt, „Ficken schon auf der Stirn geschrieben steht". Der Schreiber dieser Zeilen hat mich nie getroffen, weder vorher noch hinterher. Aber wie dem auch sei, ich denke, auch Katja Riemann musste da einiges über sich lesen, was nicht unbedingt die feine Art war.

Man fragt sich im Nachhinein aber, was ist eigentlich los mit uns? Wieso wurde eine im Grunde so harmlose Geschichte so dermaßen aufgebauscht? Da haben sich zwei Menschen in einem Interview nicht so gut verstanden. Der Moderator hat vielleicht dämliche Fragen gestellt und die Interviewte hatte vielleicht keine große Lust, darauf nett zu antworten. That's it.

Auf der anderen Seite bin ich gar nicht unglücklich, dass die Sache mit Riemann passiert ist. Wie oft sieht man im Fernsehen noch „Best Offs" aus Live-Sendungen, in denen es hoch hergegangen ist? Wo sind denn diese Live-Sendungen heute noch? Seien wir doch froh, dass mal etwas aus dem Ruder gelaufen ist! Natürlich ist es schön, wenn alles klappt.

Aber es sind doch nicht zuletzt die ungeplanten Dinge, die Dinge, die eben nicht so funktionieren wie gedacht, die in Erinnerung bleiben, die uns als Zuschauer berühren.

Ich bin wirklich froh, diese Erfahrung gemacht zu haben. Es ist die Erfahrung, was in einer Live-Sendung mit Menschen passieren kann und es ist die Erfahrung, wie es ist, plötzlich mitten im medialen Sturm zu stehen. Ohne etwas zu erfahren, kann man nichts lernen.

Ehrlicherweise finde ich tatsächlich, dass Katja Riemann eine gute Schauspielerin ist, und ehrlicherweise finde ich Menschen, die nicht nur nett sind, sondern auch mal austeilen können, spannend. Also: Gerne treffen wir uns auf einen zweiten Versuch.

Was bist du bereit, für deine Liebe zu tun?

Teil 4: Der Plan

Anfang Mai 2019.

„Oh, jaaa", tönt es wieder aus dem Nachbarzimmer. Das Bier aus dem Zapka ist zur Hälfte getrunken, ich esse Chips aus der Tüte. Das Stöhnen erinnert mich an unsere Leidenschaft, an die Anfänge, als alles noch so geheim war. An unsere ersten Treffen in Hotels. Mein Gott, wo haben wir uns nicht überall geliebt?! In Berlin, Warschau, Danzig, Torun oder auf der Halbinsel Hel. Im Bett, auf dem Fußboden, in der Dusche, im Auto – meine Fantasie geht auf eine angenehme Reise.

Die Nacht verläuft unruhig, ich träume, wache oft auf, und das Gedankenkarussell kreist zwischen Zuversicht und endgültigem Liebesaus. Gerade, als ich richtig tief schlafe, klingelt der Handy-Wecker.

Regen prasselt gegen die Scheibe, es ist unangenehm kühl im Zimmer. Mies geschlafen, mieses Wetter, leichte Zweifel, die sich in einer körperlichen Unruhe manifestieren – grundsätzlich die besten Voraussetzungen für einen fantastischen Tag!

Aber es nützt nichts. Aufstehen, duschen, anziehen. Gut, dass ich mir schon vorher Gedanken gemacht habe, was ich anziehe: Um der Form genüge zu tun, habe ich ein Sakko und ein gebügeltes Hemd dabei. Beim Frühstück bin ich der Erste und kriege gerade so eine Tasse Kaffee und ein halbes Brötchen mit Marmelade runter. Ich beschließe, nicht mit meinem

Alfa zur Schule zu fahren, denn den würde Joanna erkennen und möglicherweise schnell wieder wegfahren. Ich bestelle an der Rezeption ein Taxi für Viertel nach sieben. Bitte jemand der Englisch spricht. Mein Polnisch ist eher dürftig und schließlich ist so ein komischer Deutscher im Sakko mit Rosen und Stofftier an einem Schulparkplatz irgendwie dann doch erklärungsbedürftig.

Mein Plan ist ganz einfach. Da ich Ada selbst oft in die Schule gefahren habe, weiß ich ziemlich genau, wie die Abläufe morgens bei Joanna sind. Je nachdem, wie schnell es bei den beiden zu Hause geht, kommen sie zwischen Viertel vor und Viertel nach acht an der Schule an. Übrigens eine amerikanische Privatschule, wo es dann jeden Morgen auch einen gewissen hektischen Auflauf größerer Autos deutscher Fabrikation gibt, wenn die liebenden Eltern die Kids absetzen. In besagtem Zeitraum will ich dann vor der Schule warten, Joanna abpassen und ihr mit den Rosen meinen Heiratsantrag machen. Gerne auch im Beisein von Ada, damit Joanna sieht, dass ich es mit dem Thema Familie ernst meine. Jetzt könnte man natürlich denken, oder sogar ahnen, bei so einer Sache sei die große Peinlichkeit vorprogrammiert, aber: Zu diesem Zeitpunkt denke ich schon längst nicht mehr, ich handele nur noch.

Der Antrag

Ich sitze im Taxi und stelle zuallererst fest, dass der Fahrer leider eben kein Englisch spricht. Immerhin, mit Google-Übersetzer auf dem Handy kommen wir weiter. Ganz sicher bin ich mir nicht, was der Mann über mich als herausgeputzten Blumenkavalier denkt, aber wir kommen pünktlich an der

Schule an und stellen das Taxi auf dem Parkplatz an einer strategisch günstigen Stelle ab, von der aus man den Schuleingang und die ankommenden Fahrzeuge gut im Blick hat. Es gießt in Strömen. Nach etwa fünf Minuten „Gopodenglisch" (Google Polnisch, Deutsch, Englisch) habe ich dem Taxifahrer klargemacht, dass ich hier mit ihm warten will, um der Frau meiner Träume einen Antrag zu machen. Es wird voller, immer mehr Autos kommen, Wasser spritzt aus den Pfützen hoch, Kinder laufen mit Ihren Ranzen in Richtung Eingang. Ist sie das da vorne, mit dem weißen Wagen? Ne, doch nicht, kein BMW ... Wo bleibt sie nur? Mittlerweile ist es zehn nach acht. Um zwölf nach steige ich mit Schirm und ohne Rosen aus dem Taxi, um mal nachzusehen, ob ich vielleicht was übersehen habe. Es kann schließlich auch sein, dass Joanna gar nicht auf den Parkplatz fährt, sondern Ada weiter vorne an der Straße rauslässt. Nichts. Ich steige wieder ins Auto und fühle mich irgendwie von den anderen Eltern beobachtet. Es gießt weiter in Strömen. Um 8:25 Uhr meine ich am vorderen Eingang Ada gesehen zu haben und sprinte mit Stoffhund unterm Arm aus dem Taxi Richtung Schuleingang. Wieder nichts. Und als ich mich gerade wieder umdrehe, um zum Taxi zurückzugehen, höre ich plötzlich meinen Namen rufen: „Chienerk!"

Ich drehe mich um und da steht Ada.

„Hallo, mein Schatz", stammele ich und nehme sie in den Arm.

„What are you doing here?"

„I wanted to surprise Mami ... and you ... Here, this dog is a symbol, that we can buy a dog, if you want."

„Thank you, but Mami is not here."

„Where is she?"

„She went back home already."

In diesem Moment sehe ich in einiger Entfernung einen weißen BMW davonfahren.

„Do you know what Mami is doing the next days?"

„No, but I guess she wants to visit her friend in Breslau, I go to daddy."

„Okay, kisses, my Schatz. I will try to meet her. Bye bye!"

Ich klappe den Schirm zu, lasse Ada im Regen stehen und sprinte zurück zum Taxi.

Möglicherweise hatte der Taxifahrer sowas schon mal in einem kitschigen Film gesehen, jedenfalls scheint er plötzlich den Ernst der Lage begriffen zu haben. Er nickt ganz aufgeregt, als ich so etwas wie „schnell, schnell" rufe.

Und das macht er auch. Als wir am Ende der lang gezogenen, bergauf führenden Straße das weiße Auto sehen, werden aus den Straßen von Gdynia die Straßen von San Francisco. Der Mann muss früher Rennfahrer gewesen sein. Wir sehen, wie Joanna weiter oben an der Ampel rechts auf die Schnellstraße abbiegt. Als wir dort ankommen, springt die Ampel leider schon auf Rot. Aber nicht für meinen Fahrer. Der gibt trotzdem Gas. Guter Mann! Der Vorsprung von Joanna wird kleiner, und als sie nach zwei Kilometern links in Richtung zu ihrem Viertel abbiegt, ist ihr Wagen nur noch 200 Meter vor uns. Kurz darauf haben wir sie. Genau in dem Moment, als sie in ihr Viertel einbiegt und darauf wartet, dass sich das Tor öffnet, sind wir dran und schlüpfen mit hinein.

Mir schwant, dass ich hier auf eine seltsame Situation zusteuere. Joanna müsste uns doch längst bemerkt haben und hält uns wahrscheinlich für Vollidioten. Im Schritttempo fahren wir hintereinander durch die Anlage bis zu ihrem Haus, ein weißer BMW, gefolgt von einem Taxi. Joannas zwei

Garagentore sind geöffnet, sie fährt rein und wir bleiben etwas oberhalb stehen. Der Taxifahrer sagt noch sowas wie „Glück", ich steige aus dem Auto und gehe im Sakko mit Rosen und Ring hinunter zur Garage, wo Joanna gerade aussteigt. Sie sieht mich mit großen Augen an. Offensichtlich hatte sie uns nicht bemerkt.

„What ... are you doing ... here ...?"

„I came to you to show you, how serious I am."

Etwas ungelenk überreiche ich den riesigen Strauß Rosen, zwinge mich auf die Knie und wirke wahrscheinlich ziemlich lächerlich, während ich herauspresse:

„I wanna ask you, if you wanna marry me ..."

Dann stehe ich auch schon wieder und stecke ihr den Ring an den Finger.

„Oh please, Hinnerk, what is this?", sagt sie, was ich als Reaktion so nicht eingeplant hatte.

„Come, we go inside."

In meiner Aufregung fällt mir der Taxifahrer ein, den ich noch nicht bezahlt habe, und spurte zu ihm hinauf.

Dann stehen wir endlich im Wohnzimmer. Wie sich herausstellt, hat Joanna heftige Migräne und ist eben ohne Zähneputzen, Waschen und Schminken nur schnell im Jogger zur Schule gefahren. Mit anderen Worten, die Umstände für meinen Antrag sind geradezu ideal. Man kann die Szenerie gar nicht besser beschreiben: Auf der einen Seite der parfümierte Rosenkavalier im Sakko und auf der anderen Seite die migränegeplagte Mutter direkt nach dem Aufstehen, und über ihnen schwebt ein Heiratsantrag. Super.

„Hinnerk, can we meet at 12? It's too much at the moment and I have terrible migraine and I need to take my pill and lay down for two hours."

„No problem, take your time, relax. I pick you up at 12 and then we can talk."

Immerhin, die Blumen bleiben im Haus in einer Vase, der Ring bleibt am Finger – hätte auch schlechter laufen können. Eine kleine Unterbrechung ist nicht schlimm, rede ich mir ein. Ich weiß außerdem, dass Joanna häufiger unter dieser echt fetten Migräne leidet, sie hat diese typischen, glänzenden Kopfschmerzaugen.

Ich trotte also erst mal wieder Richtung Hotel, wobei ich in eine Was-mache-ich-hier-eigentlich-Stimmung gerate und darüber nachzudenken beginne, dass ich mir das alles hätte sparen können, wenn ich im Frühjahr nicht so zögerlich gewesen wäre.

Die Leiden des jungen Baumgarten

Frauen sind was Wunderbares

Das gemeinste Organ im männlichen, möglicherweise auch im weiblichen Körper ist wahrscheinlich das Auge. Mein Freund, die Radiolegende Carlo von Tiedemann, sagte neulich: „Oh Hinnerk, ich drehe durch, es wird wieder Frühling, das Auge wird einfach nicht alt." Hat er recht, es ist schon eine Gemeinheit. Das Auge weiß ja schließlich nicht, ob es aus dem gestählten Körper eines 20-Jährigen oder aus dem schon etwas abgehangenen Fleisch eines 50-Jährigen blickt. Was ich damit sagen will: Auch wir Männer im leicht gesetzteren Alter schauen natürlich auf die Damenwelt und sind empfänglich für gewisse Reize. Es wäre gelogen, wenn man im Frühling bei Sonnenschein ein freches Bein nicht als sexy bezeichnen wollte. Das impliziert in diesem Moment ja nicht, dass man als Mann in irgendeiner Form übergriffig zu werden droht. Nein, so etwas lässt sich als Reflex verbuchen. Aus meiner Erfahrung heraus geht es Frauen da nicht anders. Da ist es vielleicht nicht das kalkig-weiße, behaarte Männerbein, das einen Reiz auslöst, dafür aber der knackige Hintern in einer Jeans. Schade für mich. Wenn die Beine mehr im Fokus stehen würden, hätte ich bessere Chancen.

Um es jedoch ganz klar zu sagen, entgegen vieler Gerüchte: wir Männer schauen zuerst ins Gesicht! Wahrscheinlich tun das sogar alle Menschen, egal welcher geschlechtlichen Orientierung. Ein fröhliches Lächeln, ein Augenblitzen, so etwas übt mindestens den gleichen Reiz aus wie das besagte freche Bein.

Wie verlief eigentlich mein Liebesleben in den vergangenen Jahrzehnten? Normal mit Sicherheit nicht. Allerdings finde ich, in der Liebe gibt es sowieso nichts Normales, sondern nur etwas, das einen persönlich glücklich macht. Von außen betrachtet mögen sich bestimmte Abläufe gleichen: erste Freundin, erste Enttäuschungen, erste echte Beziehung, erste große Trennung und so weiter, bis dann viele immer noch in einer Ehe ankommen und Eltern werden. Gott sei Dank habe ich es zumindest geschafft, Vater zu werden, eine Hochzeit dagegen habe ich noch nicht hinbekommen. Bitte dabei besonders das Wörtchen „noch" beachten.

Ja, und plötzlich bist du 50 und denkst, Menschenskinder, geht da noch was, passiert noch was, oder war's das jetzt?

In meiner Generation gibt es diejenigen, die schon lange mit ihrer Frau zusammen sind, die Kinder haben und die niemals auf den Gedanken kämen, sich zu trennen. Aber es gibt auch diejenigen, die sich zwar nicht trennen wollen, aber durchaus die eine oder andere Affäre haben. Das gilt im Übrigen nicht nur für Männer. Dann gibt es diejenigen, die schon in der nächsten Runde sind, also geschieden, aber mit neuer Partnerin. Diese Jungs kümmern sich, zumindest aus ihrer Warte, zumeist gut um ihre Kinder aus der ersten Ehe, stehen mitunter aber vor der Entscheidung, mit der neuen Freundin noch mal Nachwuchs zu zeugen. Das allerdings nur, wenn die neue Freundin einige Jahre jünger ist. Eine Konfliktsituation, die ich persönlich nicht unbedingt haben muss, obwohl man so etwas natürlich auch nicht steuern kann, wenn man liebt. Das Modell, das auch bei mir zutrifft, ist die etwa gleichaltrige Neue mit Vergangenheit und möglicherweise eigenen

Kindern. Hier geht's dann nicht mehr um Familiengründung, sondern darum, ein Team zu sein. Nicht zu vergessen ist die Gruppe der Single-Männer, die nicht die Richtige finden, die resigniert haben oder die immer noch der Richtigen hinterhertrauern. Späte Erkenntnis ist dabei auch eine Erkenntnis.

Kommen wir nun zu zwei entscheidenden Fragen, die unter Männern oft diskutiert werden, und ich ahne, unter Frauen in ähnlicher Weise: Warum ist in so vielen Dauerbeziehungen zwar große Nähe, aber wenig Erotik, und welchen Typ Frau finden Männer eigentlich interessant?

Das können vielleicht einige Paare, die schon länger zusammen sind, unterschreiben: Am Anfang der Beziehung fiel man ständig übereinander her, da war große Leidenschaft, da konnte man überhaupt erst nach dem Sex nebeneinander einschlafen. Und natürlich hielt man sich auch nachts im Arm. Jetzt lässt sich natürlich einwenden: Mensch Baumgarten, was weißt du denn schon, du warst doch noch nie 25 Jahre verheiratet! Stimmt natürlich, aber ich frage im Gegenzug, wann lässt das denn mit der unbändigen Lust aufeinander nach, erst nach 20 Jahren? Ich kenne das als Phase auch schon nach kürzerer Zeit.

Bevor wir in die Tiefe gehen, gilt zu bedenken, dass es (allerdings selten) auch Paare zu geben scheint, bei denen die Begierde niemals nachlässt. Und es gibt bedauerlicherweise Paare, die schon am Anfang keine große Leidenschaft verspüren und eher eine Zweckgemeinschaft bilden. Soll auch schön sein.

Das Nachlassen der Leidenschaft hängt, glaube ich, davon ab, wie oft man sich sieht, wie viel Zeit man miteinander verbringt, wie offen man zueinander ist, wie viel Freiraum man sich gegenseitig einräumt. Aber auch wenn man versucht, alles richtig zu machen, wird es mit der Zeit vermutlich weniger in

Sachen Sex, Berührungen und Co. Auch bei mir, logisch, trotz noch ohne „Silberhochzeitsmedallie". Dieser Prozess kann nicht an Jahren festgemacht werden, sondern vollzieht sich schleichend.

Aus Frauensicht dürfte sich die Sache ähnlich darstellen wie aus Männersicht.

Bei mir jedenfalls äußert sich dieses Nachlassen ganz schlicht so, dass man beim Spazierengehen nicht mehr automatisch die Hand des anderen greift und man abends im Bett manchmal denkt, bitte versuch jetzt nichts, ich will einfach nur schlafen. Als Mann kommt erschwerend hinzu, dass wir mangels Lust befürchten müssen, keine Erektion zu bekommen. Und das ist für den Mann natürlich doppelt blöd. Keine Lust und sich dann auch noch als Schlaffi erweisen. Diese Kausalkette ist nicht zwingend logisch, aber das Denken von Männern ist auch nicht unbedingt immer nur logisch. Die Erektion spielt da schon eine große Rolle, was das Selbstbewusstsein angeht. Im blödesten Fall entsteht eine gegenseitige Vorwurfshaltung: „Ich sage doch, lass mich bitte schlafen, du akzeptierst einfach nicht, dass ich einen anstrengenden Tag hatte." Und auf der anderen Seite: „Was ist los mit dir, hast du keine Lust mehr auf mich? Gib dir doch einfach mal etwas Mühe." Wenn das mit dem Mühegeben mal so einfach wäre ...

Dr. Baumgarten rät in diesem Fall: Entspannt bleiben. Den Partner einfach wirklich in Ruhe lassen. Druck oder Vorwürfe sind in solchen Momenten und Phasen genau das Falsche. Irgendwann hat sich der Gedanke an Sex erledigt und ist einer gewissen Resignation gewichen.

Und hier hole ich jetzt mal das „Stoppschild" raus. Das kann nicht richtig sein und A-Sexualität sollte man nicht einreißen lassen.

Nein, wir Menschen stecken doch in dem Dilemma, dass die meisten von uns körperlichen Austausch, körperliche Befriedigung schlicht fürs Wohlbefinden brauchen. Soll die Partnerin oder der Partner nicht aus der Beziehung ausbrechen, um diesen Austausch woanders zu finden, dann sollte man anfangen, miteinander zu reden. Meistens tut das gar nicht weh. Meistens nämlich denken beide ähnlich, haben beide Phasen des starken körperlichen Begehrens und des schwachen und fallen dann gelegentlich in eine gewisse Bequemlichkeit. Es fehlt aber oft nur an diesem einen Erlebnis, das wieder Schwung reinbringt.

In irgendeinem Eheberater habe ich gelesen, man solle sich beispielsweise in einem Hotelzimmer verabreden. Ich denke, das ist gar nicht so blöd. Es macht echt Sinn, sich raus aus dem Schlafzimmer zu begeben, rein in eine ungewohnte Situation. Neutraler Boden ist das Zauberwort. Das Geheimnis liegt darin, dass sich beide durch so eine Verabredung eingestehen, dass irgendetwas nicht rund läuft und beide diese Unsicherheit zu einem gemeinsamen Erlebnis machen wollen. Und dieses Erlebnis kann dann dadurch, dass man gemeinsam etwas ausprobiert, den Startpunkt setzen, um aus der sexuellen Lethargie herauszukommen. Der Druck verschwindet, beide wissen, da geht noch was und können diese Leichtigkeit auch wieder ins eigene Bett mitnehmen.

Eines allerdings muss ich noch klarstellen: Es ist gut, es ist richtig, es ist sogar schön, dass die sexuelle Begierde mit der Zeit, die man zusammen ist, meistens etwas nachlässt. Phasen des Nichtkönnens und Nichtwollens sind ganz normal. Wie die Karnickel durchs komplette Leben zu gehen, hält doch keiner aus. Es soll für Paare neben dem Sex tatsächlich auch wichtig sein, sich gut zu unterhalten, gemeinsam etwas zu erleben, gemeinsam etwas aufzubauen. Aber trotzdem den Sex bitte nicht vergessen! „Aber die Versöhnung war geil", heißt es nicht umsonst. Sex kann vieles (wieder) heilen.

Kommen wir zur zweiten Frage: Auf welche Frauen stehen Männer? Wenn ich nach meinem Typ Frau gefragt werde, weiß ich eigentlich keine Antwort. Eine Zeit lang musste sie brünett und etwas kleiner sein, dann eher Typ persisch und jetzt wiederrum bin ich schon lange mit einer großen Blonden zusammen. Viele Männer behaupten, sie würden auf einen ganz bestimmten Typ Frau stehen. Komischerweise sind sie dann mit jemandem zusammen, die so ganz anders ist. Es reicht manchmal nur ein Detail, um im Mann etwas auszulösen. Das kann ein besonderes Lächeln sein, ein toller Mund, ein besonderer Geruch, was auch immer. Liebe, oder sagen wir mal Schwärmerei, lässt sich nicht erklären. Es muss einfach nur funken, sonst nix. Gilt für uns Männer natürlich genauso. Da ist so ein stattlicher Kerl, wortgewandt, mit leicht aufdringlichem Parfüm, aber ohne Funken kann der auch nirgendwo landen.

Mögen wir Männer um die 50 eigentlich automatisch junge Frauen? Ich kann da nur für mich sprechen. Für mich ist wichtig, dass wir uns auf Augenhöhe begegnen. Und zwar auch, was unsere Unzulänglichkeiten betrifft. Dazu gleich mehr. Kann man am Alter festmachen, ob jemand auf Augenhöhe ist? Dazu muss ich natürlich wissen, auf welcher Höhe sich meine eigenen Augen überhaupt befinden, eher tief oder eher hoch? Ich glaube, so etwas spürt man. Man spürt einfach, ob bei jemandem eine ähnliche Denke vorhanden ist, ein ähnlicher Anspruch ans Leben. Das meine ich mit Augenhöhe. Es gibt aber auch Konstellationen, die ergeben sich, weil jemand schlicht einen Versorger sucht. Dagegen ist nichts einzuwenden, das ist ja auch eine ganz persönliche Entscheidung zwischen zwei Menschen. Wenn das mit der Versorgung klappt, wünsche ich alles Gute. Für mich allerdings wäre das in dem Moment nichts, wenn ich das Gefühl hätte, nur aufgrund irgendeiner finanziellen Ausstattung geliebt zu werden. Allerdings besteht da auch aktuell keine Gefahr. Aber wer weiß, ich spiele Lotto.

Mein Freund Ralf sagt: „Ein Millionär kann niemals hässlich sein." Ich finde, jeder ist seines eigenen Glückes Schmied. Und oft wissen wir gar nicht, wie wir in eine Situation geraten sind. Wichtig ist, dass alle glücklich sind, beim Geben wie auch beim Nehmen.

Aber ich schweife ab von dem, was ich eigentlich sagen will. Jüngere Frauen ... Also zunächst einmal ist meine Tochter 20. Mich gruselt es, mir eine Liebschaft vorzustellen, die in ihrem Alter wäre, also da bin ich schon mal raus.

Vor Jahren hatte ich mal ein sehr kurzes Verhältnis mit einer Dame. Beim anschließenden Versuch, sich zu unterhalten, kamen wir dann zufällig auf das Thema Edgar Wallace zu sprechen und sie fragte mich, wer das denn sei. In diesem Moment wusste ich, wir haben keine Zukunft. Ich finde einen ähnlichen Erfahrungshorizont wichtig, ich möchte mich unterhalten können und ich möchte in gewissem Umfang auch Erfahrungen teilen können, ohne mit verständnislos großen Augen angesehen zu werden. Hugo Egon Balder hat mir im Therapiegespräch auf dem Roten Sofa erzählt, dass er viele Jahre lang immer wesentlich jüngere Freundinnen gehabt habe. Das sei, so sagte er, immer sehr anstrengend gewesen, weil diese jüngeren Freundinnen ihn nämlich ständig hätten jünger machen wollen und er versucht habe, jünger zu sein. Da würde man verrückt. Kann ich mir vorstellen. Da entsteht ein gewisser Druck beim Mann, der ihn schnell zu einem Vollidioten mutieren lassen kann.

Man soll ja nicht meinen, dass ein Mann im Alter immer nur interessanter würde. Ne, ne, da kommen Falten, Bauch und Hängebrüste, da wird die Kondition schlechter und abends fallen gerne mal die Augen zu. Wenn du als Mann das Gefühl hast, du müsstest für deine Freundin jugendlich wirken, um im Wettbewerb mit den jungen Männern aus ihrem Freundeskreis bestehen zu können, dann hast du schon verloren.

Um es mal auf den Punkt zu bringen: Junge Frauen sehen oft toll aus und haben einen jugendlich straffen Körper, na und?

Ich finde, eine Frau muss nicht perfekt sein, um schön zu sein. Sie darf Fehler haben, ich habe schließlich auch welche. Ich möchte mich mit einer Frau wohlfühlen können, und dazu gehört, dass sie sich wohlfühlt. Wir haben alle unsere kleinen körperlichen Mängel und ich habe keinen Bock, mich deswegen vor einer Frau verstecken zu müssen, und genau das steht ihr auch zu. Wobei ich es aber auch wichtig finde, dass man aufeinander aufpasst. Wenn man miteinander ehrlich umgeht, macht es mir nichts aus, darauf hingewiesen zu werden, meine Bauchmuskulatur würde sich zu stark nach außen wölben. Im Gegenteil, das ist dann ja nur eine Art Stubser, wieder etwas mehr auf mich zu achten und meiner Partnerin dadurch Respekt zu zeigen.

Ich hätte nie gedacht, dass ich mal diesen Satz in den Mund nehmen beziehungsweise aufschreiben würde: Erotik ist keine Frage des Alters. Aber es stimmt ganz einfach. Außerdem haben etwas ältere Damen oft einen Ausdruck, der einfach umwerfend ist.

Ich erinnere mich noch, wie ich als etwa Sechsjähriger meine Eltern beim mittäglichen Sex erwischt habe. Ich wollte ihnen nur mitteilen, dass der angekündigte Besuch gerade vorgefahren sei, und platze ins Schlafzimmer. Papa oben, Mutti unten, Gott sei Dank unter der Decke. Mutti wird rot, ich ahne, da ist was Merkwürdiges im Gange, und ziehe mich kleinlaut zurück. Die beiden waren damals Mitte 30, also alles ganz normal. Als ich um die 20 war, mit dem Background eigener Erfahrungen, war unsere Generation der Überzeugung, so alte Leute wie unsere Eltern, die haben sicherlich keinen Sex mehr. Und wenn, dann nur selten und auch nicht so hervorragend wie wir 20-Jährigen. Liebe Jugend, ihr könnt entspannt in die Zukunft schauen, denn ich kann euch beruhigen: Auch mit 50 geht noch was, und zwar von beiden Seiten aus. Nicht selten und garantiert auch nicht schlechter als früher, eher besser.

Was ist heutzutage eigentlich Männlichkeit, was ist Weiblichkeit? Wahrscheinlich wird man für jede zeitgeistige Strömung Belege und Zustimmung finden. Der eine Mann fährt mit dem Lastenfahrrad durch die Gegend, der andere mit dem Porsche. Ich finde ja, man sollte Verschiedenheit zulassen, sogar begrüßen. Schlimm, wenn alle nur noch gleich sein dürften. Es gab schon immer unterschiedliche Charaktere oder Lebensmodelle und es macht nur Sinn, sich diese Fragen ganz persönlich zu beantworten.

Für mich sollte ein Mann immer auch ein Gentleman sein. Tür aufhalten, in den Mantel helfen oder im Restaurant bezahlen gehören für mich dazu. Auch sollte der Mann bei Bedarf eine starke Schulter zum Anlehnen anbieten können. Daneben sollte ein Mann für meine Begriffe mutig genug sein, Gefühle zu zeigen, und als männlich empfinde ich es auch, Fehler zugeben zu können. Augenhöhe ist hier wieder das Stichwort, allerdings im Bewusstsein, dass gerade in den

Unterschieden zwischen Mann und Frau der Reiz und das zwischenmenschliche Wunder besteht. Zumindest für mich. Wahrscheinlich ist der Spruch aus Omas Zeiten gar nicht so falsch: Auf jeden Topf passt ein Deckel.

Aber Frauen begegnen uns Männern ja nicht nur als mögliche Partnerin oder als Freundinnen, Frauen sind logischerweise auch Kolleginnen und Chefinnen. Fast stört es mich, diesen Satz aufzuschreiben. Denn ich denke da gar nicht drüber nach. Im Job habe ich Frauen logischerweise schon in allen Positionen erlebt. Und mit Positionen meine ich Chefin, Kollegin, Vorgesetzte, Praktikantin, Auszubildende, Konkurrentin, Mitstreiterin. Es ist mir schlicht egal. Ich habe genauso Männer in diesen Positionen erlebt. Für mich geht's nur darum, wie arbeite ich mit jemandem zusammen. Und natürlich gibt es Unterschiede in der Zusammenarbeit mit Männern oder Frauen. Aber der Unterschied ist für mich auch hier wieder gut. Wir denken eben anders. Und nur dadurch finden wir möglicherweise Lösungen, auf die wir sonst nicht gekommen wären. Ich würde mir mehr Selbstverständlichkeit in diesen Themen wünschen. Wenn wir in unserer Gesellschaft Gerechtigkeit wollen, dann dürfen wir keine Personengruppe benachteiligen, nur weil sie zum Beispiel einem bestimmten Geschlecht angehört. Es sollte überhaupt nicht mehr über solche Dinge geredet werden müssen. Und das sage ich zu beiden Seiten. Gerechtigkeit bekommen wir nur im Miteinander hin, nicht gegeneinander.

Ich muss an dieser Stelle über eine unschöne Begebenheit bei meiner Arbeit schreiben. Etwas, das mir leidtut. Etwas, das mir ziemlichen Gegenwind, auch öffentlich, eingebracht hat. Mit dem Roten Sofa waren wir auf dem „Landpartie"-Fest meiner Kollegin Heike Götz, die an diesem Abend auch mein Gast war. Vor dem Sendebeginn live um 18.45 Uhr haben sich etwa 100 Menschen vor dem Sofa als Zuschauer versammelt. Um 18.30 Uhr fange ich mit dem Warm-up an. Nichts davon ist im Fernsehen zu sehen, wir sind noch nicht auf Sendung, das ist nur für die Stimmung vor Ort. Sprüche fliegen durch die Luft, es wird gelacht, es wird geklatscht, alles ist fröhlich. Nach fünf Minuten nähert sich Heike gut gelaunt dem Sofa und natürlich wird jetzt noch mehr geklatscht. Und da sage ich fatalerweise: „Und nachher während der Sendung auch ordentlich weiter klatschen, richtig Alarm machen. Wer nicht klatscht, bekommt 'ne Nacht mit Heike!" Zack, da war es raus. Ich sage noch so etwas wie: „Ist natürlich nur ein Scherz, klatscht einfach nachher weiter, das hilft unserer Sendung." Und dann ist es auch schon 18.45 Uhr. Schnell Sitz- und Lichtprobe, 3, 2, 1 ... und los geht's. Unser Gespräch läuft gut, hinterher quatschen wir noch ein bisschen, Verabschiedung, Feierabend.

Zwei Tage später moderiere ich im Radio bei NDR2. Plötzlich bekomme ich eine Mail von Heike. Ich werde stutzig, weil diese Mail nicht nur an mich, sondern an diverse Abteilungen beim NDR inklusive Programmdirektion geht. Heike beschwert sich darin, dass ich sie mit meinem flapsigen Spruch erniedrigt habe, sie sich schwerst beleidigt fühle und eine förmliche Entschuldigung erwarte. Ich bin völlig perplex, realisiere aber sofort, dass sich hier jemand tatsächlich durch einen Spruch von mir beleidigt gefühlt hat. Sofort schreibe ich eine aufrichtige Entschuldigungs-Mail, bei der ich, damit das auch ganz offiziell ist, alle auch von ihr adressierten Empfänger in Kopie setze. Persönlich übers Telefon konnte ich sie zu dem Zeitpunkt leider nicht erreichen.

Danach wurden im NDR ernste Gespräche mit allen Beteiligten geführt, um die Situation zu klären. Heike nahm dann letztendlich meine Entschuldigung an und unter diversen Auflagen (keine Wiederholung, Seminar) für mich, wird das Thema als geklärt betrachtet. Es gibt da im Nachhinein auch keine zwei Meinungen, das war von mir übers Ziel hinausgeschossen und ich sollte nicht davon ausgehen, dass jemand so etwas locker nehmen kann. Das war eben nicht der von mir noch oben erwähnte „Gentleman", das war einfach nur idiotisch.

Der heftige Gegenwind entstand dann dadurch, dass drei Monate nach dem Vorfall etwas an die Presse durchsickerte. Die *Bild* brachte das Thema auf Seite zwei unter der Überschrift „Übler Machospruch von NDR-Moderator". Am späteren Vormittag machten einige Online-Medien daraus „Sexistischer Totalausfall", eine Schlagzeile, die Print, Radio und Fernsehen in den nächsten Tagen übernahmen. Gott sei Dank schlief das Ganze irgendwann wieder ein.

Ich kann noch erwähnen, dass mir die Angelegenheit immerhin ein Seminar gebracht hat. Auf eigene Kosten konnte ich eine Privatschulung bei einem Psychologen in Köln besuchen, der Experte für „unbewusste Voreingenommenheit" ist. Da haben wir über Themen gesprochen, die man im Alltag viel zu leicht vergisst und derer man sich bewusst werden sollte. Zusammenfassend kann ich sagen, dass ich einiges gelernt habe, und das ist ja immer gut.

Wichtig ist mir aber auch, dass Heike und ich uns neulich zufällig vor der Kantine begegnet sind. Heike ist nicht so häufig in Hamburg, deswegen war es tatsächlich das erste Mal nach diesem Vorfall, dass wir uns sahen.

Wir waren irgendwie beide überrascht, lächelten uns freundlich an und warfen uns ein „Ach, Hallo!" zu. Wunden heilen.

Was bist du bereit, für deine Liebe zu tun?

Teil 5: Valentinstag

FEBRUAR 2019. Joanna hatte die Möglichkeit, das General-Franchise von Studio Figura für Deutschland zu bekommen. Wir hatten uns dafür vorgenommen, ein Studio in Hamburg als Referenz aufzumachen und anschließend viel Geld mit dem Verkauf der Franchise-Rechte zu verdienen. Natürlich gehörte zu dem Plan, dass Joanna mit Ada dafür nach Hamburg zieht, mein Job war es, eine passende Wohnung für uns zu suchen.

Im Februar waren die beiden bei mir in Hamburg. Während ich bei der Arbeit war, sahen die beiden sich nach geeigneten Schulen um. Zufälligerweise war zu dieser Zeit auch Valentinstag. Natürlich wollten wir den Abend mit einem schönen Essen zu zweit begehen, also gingen Joanna und ich nach meiner Sendung im Maral Sushi essen. Leider war es aber so, dass ich schon den ganzen Tag ein beklemmendes Gefühl in der Magengegend hatte. Irgendetwas ließ mich unruhig sein, Zweifel nagten an mir, ob das alles auch wirklich richtig für mich war. Wollte ich das überhaupt oder rannte ich in eine Überforderung hinein? War es denn das Richtige für uns? Letztendlich stellte ich mir auch die Frage, ob ich das finanziell alles wuppen konnte. Und dann war da ja noch Mathilda: Wie konnte ich es vor mir selbst verantworten, nicht mit meiner Tochter (sie war zu dieser Zeit in Neuseeland, kam aber natürlich irgendwann zurück) zusammenzuleben, dafür aber mit dem Kind meiner Partnerin einen auf Familie zu machen? Zumal ich zu dem Zeitpunkt ein nicht unbedingt nur einfaches Verhältnis zu Ada hatte. Angesichts dessen fühlte ich mich beschissen, als wir da beim Essen zusammensaßen, und es war wie der Ruck, den man sich gibt, bevor man endlich die Angst überwindet und vom Dreimeterbrett im Schwimmbad springt, als ich sagte: „Joanna, I don't feel good with you moving to Hamburg." Boom, Bombe geplatzt. Da war es raus. So etwas wünscht sich natürlich keine Frau am Valentinstag. Die Stimmung war anschließend dementsprechend ...

Dabei hatte ich gar nicht sagen wollen, dass der Umzug für mich generell nicht infrage komme, sondern nur, dass ich mich aktuell damit schlecht fühle. Ich hatte schlicht meinen Gefühlen Ausdruck verliehen, konnte und wollte sie nicht unterdrücken. Hätte ich das besser mal getan! Es war wie ein Schlag ins Gesicht für sie, denn Joanna hatte bereits alles in die Wege geleitet, um mit ihrer Tochter und mir ein neues Leben in Hamburg zu beginnen.

Am nächsten Tag flogen die beiden nach Danzig. Geklärt war noch nichts. Aber es war klar, dass wir sehr bald darüber reden mussten. Eine Woche später sollten wir genügend Zeit für uns haben, im Urlaub in Marokko.

Marokko

Marokko im Februar ist der absolute Hammer, Marrakesch eine atemberaubende Stadt. Es war alles großartig. Wir lagen am Pool, waren abends in großartigen Clubs essen, erforschten den großen Souk, ritten im Sonnenuntergang auf Kamelen durch die Wüste und aßen in einem Beduinenlager zu Abend.

Wir liebten uns, wir schmiedeten Pläne. Viele Pläne zu vielen Dingen. Und dann kam der letzte Abend, den wir in einem Restaurant wie aus 1001 Nacht verbrachten. Zwei Etagen, alles in warmen, rötlichen Farben, rhythmische Elektro-Beats schallten angenehm durch die Räume. Eine breite Treppe führte nach oben zur Bar, unten an den Tischen im Halbdunkeln saßen lachende, hübsche Menschen. Wir nahmen einen Zweiertisch mit Blick auf die Treppe. Kaum saßen wir, wurde es komplett dunkel und mit einer unglaublichen Wucht erschien auf der Treppe eine Gruppe Bauchtänzerinnen. Wahnsinn, das war kein Touristenprogramm, das war Leidenschaft und die Bauchtänzerinnen versprühten ein Feuer, das den ganzen Saal kochen ließ. Mit einem brennenden Kerzenleuchter auf dem Kopf balancierend, näherte sich eine der Tänzerinnen unserem Tisch und forderte Joanna auf, es auch mal zu probieren. Was für ein Spaß, es gelang eher mittelmäßig, aber der Laden brodelte nur so vor lauter guten Vibes. Essen gehen in Marrakesch ist kein Restaurantbesuch, Essen gehen in Marrakesch ist ein cooles Erlebnis mit einem Mix aus Beats, Hitze, fantastischem Essen und stylischen Menschen. Natürlich tranken wir auch was, auf Joannas Kerzenleuchtertanz musste angestoßen werden! Das Essen war außergewöhnlich und so langsam merkten wir beide auch die Wirkung des Alkohols. Da fragt mich Joanna plötzlich, was denn nun mit unserer Zukunft sei? Boom! Diesmal andersherum. Natürlich hätte ich damit rechnen müssen. Wir konnten das Thema schließlich nicht stillschweigend übergehen, aber vielleicht hatte ich genau das innerlich gehofft. Und obwohl ich mir zu diesem Zeitpunkt ganz sicher war, dass wir irgendwie schon für alles eine Lösung finden würden, obwohl ich mir unserer gegenseitigen Liebe sicher war, sagte ich etwas leichtfertig daher wegen des Alkohols: „I cannot imagine to live together with your daughter at the moment."

Dass dieser Abend kein gutes Ende nahm, dürfte jedem klar sein.

Ich für mich dachte in diesem Moment natürlich, dass diese Worte keine Entscheidung gegen uns waren, sondern nur meinen Zweifel ausdrückten. Den Zweifel, ob das wirklich gut gehen konnte, ob unsere Beziehung vielleicht Gefahr liefe, daran zu zerbrechen, dass Ada unglücklich werden würde. Fremdes Land, fremde Sprache, keine Freunde, neue Schule – uns geht es doch gut und Ada ist happy, so wie wir uns gerade zwischen Polen und Deutschland aufteilen. Warum sollten wir das aufgeben?

Natürlich sah Joanna das anders, natürlich war das ein Stich ins Herz der Mutter. Ich merkte es in dem Moment nicht, aber bei ihr fiel innerlich der Vorhang. Ende der Vorstellung. Aus.

Als wir am nächsten Tag zurück nach Hamburg flogen, hatte die Lufthansa Verspätung, mit der Folge, dass wir in Frankfurt den Anschluss nach Hamburg verpassten. Nach stundenlangem Schlangestehen nahmen wir uns einen Leihwagen und fuhren noch die Nacht nach Hamburg. Großartig, vor allem, wenn allen Gesprächen die Luft ausgegangen ist. Irgendwann kamen wir hundemüde in meiner Wohnung an und fielen völlig erschöpft ins Bett. Krönender Abschluss eines Urlaubes, der bis zum letzten Abend doch so gut war.

Am nächsten Morgen spürte ich die Anspannung, ich spürte, dass da irgendetwas ablief, sowas wie eine letzte Chance. Und es ist wieder dieses Dreimeterbrettgefühl. Du hast Angst, willst dich aber trauen, willst es einfach machen, willst diese unsichtbare Barriere durchbrechen. Aber ich tat – nichts. Ich war zwei-, dreimal kurz davor zu sagen, hey, ich liebe dich, wir kriegen das hin, lass uns in Hamburg zusammenleben. Ohne viele Worte brachte ich Joanna schließlich zum Flughafen. Kurz vor dem Security-Check nahm ich sie noch einmal in den Arm und sagte so etwas wie: „Everything is fine, let's talk tomorrow, I wanna tell you about my good thoughts later." Ich weiß noch, wie sie beim Abschied Tränen in den Augen hatte, während ich auf dem Weg nach Hause immer noch dachte, dass wir alles gut hinbekommen werden. Am nächsten Tag wollte ich mit Joanna telefonieren und mit ihr besprechen, wie wir alles organisieren sollten. Ich liebte sie und wollte es in Hamburg mit ihr und Ada versuchen.

Aber wir telefonierten am nächsten Morgen nicht. Sie ging nicht ran, auch an den nächsten Tagen nicht. Irgendwann schrieb sie eine Mail, dass es keinen Sinn mehr habe und sie nicht mit jemandem zusammen sein möchte, der ihre Tochter nicht akzeptiere.

Ich war am Boden zerstört. Hinnerk, du Vollidiot! So hatte ich das doch gar nicht gemeint und jetzt saß ich hier allein und konnte es ihr nicht mehr erklären.

Die Antwort

ANFANG MAI 2019. Drei Monate nach Marokko, drei Monate, in denen wir nicht gesprochen haben und in denen es mir echt schlecht ging. Jetzt sitze ich hier und weiß immer noch nicht, woran ich bin. Immerhin: Den Heiratsantrag habe ich durchgezogen, zwar etwas holprig, aber die Botschaft ist überbracht. Und den Ring hat Joanna schließlich nicht abgenommen. Wenn ich den Worten von Anna und Beate in Neindorf an der

Ostsee glauben kann, dann liebt sie mich noch. Aber hätte sie dann nicht ein wenig mehr Begeisterung an den Tag legen können, als ich vor ihrer Haustür stand, trotz Migräne?

Mittlerweile ist es kurz vor 12 Uhr, Zeit, um wieder zu Joanna zu fahren. Dieses Mal nehme ich meinen eigenen Wagen. Als ich ankomme, schaut sie aus einem der oberen Fenster, mit einem Waschlappen auf der Stirn und sieht immer noch ziemlich kaputt aus. Ob wir noch zwei Stunden warten könnten, ruft sie zu mir runter, die Tabletten würden noch nicht wirken. Klar, kein Problem! Ich bin zwar leicht verunsichert, aber auch nicht in der Position, mich hier jetzt irgendwie zu beschweren. Also fahre ich an den Strand von Orlowo, setze mich auf eine Parkbank in die Sonne, laufe rum wie Falschgeld, versuche an nichts zu denken.

Pünktlich um 14 Uhr stehe ich erneut vor ihrer Tür. Sie ist bereit, sieht gut aus, ist frisch geduscht, die Tablette hat offensichtlich gewirkt. Sie bittet mich herein und zeigt mir, was sie alles im Haus renoviert hat. Ein neuer, heller Teppich oben im Schlafbereich, im Ankleidezimmer und in Adas Zimmer, dazu frisch gestrichene Wände im ganzen Haus ... Ja, sieht frischer aus, ist schön geworden. Über uns und unsere Situation kein Wort. Ich bemerke aber, dass sie den Ring noch trägt. Wir einigen uns drauf, dass wir mit dem Auto nach Gdynia zum Hafen fahren, ein bisschen spazieren gehen und uns unterhalten wollen. Und wie das bei solchen Gesprächen eben ist: Wir tasten uns erst ein wenig ab, berichten gegenseitig, was wir in der Zwischenzeit erlebt haben. Später sitzen wir in einem Café und trinken Tee. „Joanna, I'm sorry, I didn't want to say, that I cannot live with your daughter ..."

„But you did!"

Wir kommen also zum wesentlichen Punkt und ich merke, wie sie abblockt. Sie will mich nicht verstehen und kommt immer wieder zu dem Schluss, wir seien zu unterschiedlich und ich wolle eigentlich keine gemeinsame Zukunft. Es wird schwierig für mich. Aus meinem männlichen Selbstverständnis heraus hatte ich nicht damit gerechnet, dass sie so gar nicht verstehen will, was mich zu dieser Aussage gebracht hat. Ich spüre: Sie will nicht in die Situation kommen, zu denken, ich sei mehr als ein Vollidiot! Sie will mich emotional nicht an sich heranlassen.

Der Nachmittag nimmt seinen Lauf, wir reden auch über Unverfängliches und beschließen, in dem kleinen chinesischen Restaurant Pak Choi in Sopot etwas zu essen. Wir haben Glück und ergattern den einen kleinen Tisch oben auf der Galerie. Ich merke, wie ich etwas ruhiger werde, wie langsam wieder ein wenig von dieser alten Vertrautheit zwischen uns einkehrt. Tatsächlich habe ich auch wieder Hunger.

„I know, you don't have anything against Ada, but you hurted me", sagt sie endlich. Hoffnung keimt in mir auf. Ich versuche ihr zu erklären, dass das Ganze mehr mit mir selber zu tun hat. Mit mir und meinem schlechten Gewissen gegenüber Mathilda. Es wird ein gutes Gespräch, wir trinken Wein und die verkrampfte Stimmung lockert sich. Insgeheim fange ich schon an darüber nachzudenken, wie leidenschaftlich unsere bevorstehende gemeinsame Nacht wohl werden wird. Als wir nach etwa zwei Stunden zu ihr nach Hause fahren, holt mich in Bezug auf Übernachtung allerdings die Realität wieder ein. Sie sei später noch mit Dorota verabredet, verrät mir Joanna. Kein Problem entgegne ich mit gespielter Lässigkeit, ich fahre dann einfach wieder zurück nach Hamburg.

Aber fehlte da nicht noch was? Ich hatte sie doch gefragt, ob sie mich heiraten wolle … Immerhin trägt sie den ganzen Nachmittag den Ring. Bei ihr zu Hause dann die endgültige Ernüchterung. „Hinnerk, thank you very much for this afternoon, and the sign with the ring … it is nice. But I cannot take it, because I don't know an answer right now, so please take the ring back."

Das also ist Ihre Antwort.

„Okay", sage ich, „not a problem, take your time."

So, Herr Baumgarten, dann mal wieder zurück nach Hamburg. Sieben Stunden Fahrt, diesmal durch die Nacht. Als ich alleine im Auto sitze und schon zehn Minuten durch Gdynia Richtung Autobahn gefahren bin, überlege ich, wie ich mich eigentlich fühlen müsste. Nein, ich fühle mich nicht wie ein nasser Hund. Ich fühle mich nicht gerade glücklich, aber doch erleichtert. Erleichtert, weil wir wieder miteinander gesprochen haben, Missverständnisse ausräumen konnten und ich ein klares Zeichen meiner ernsten Absichten gesetzt habe.

Ich rufe meinen alten Freund und Vertrauten Ralf auf Mallorca an und schildere ihm die Situation. „Menschenskinders, was du für Sachen machst, es ist echt unglaublich!", stöhnt er ins Telefon. Aber insgesamt sind wir uns einig: Ich habe jetzt alles versucht, und wenn es falsch war, dann war es eben falsch.

Die Leiden des jungen Baumgarten
Der Baller-Mann

Ostern 2017. Dann gab es noch die andere Titelseite in der *Bild*: „ARD-Moderator auf Mallorca blutig geprügelt." Vorweg: Es muss „getreten" heißen.

Es ist direkt nach Ostern 2017. Zusammen mit meiner Tochter Mathilda bin ich auf Mallorca. Wir können in der Wohnung von Peter und Sybille oberhalb von Portals Nous wohnen. Gleichzeitig mit uns sind auch Aal (Spitzname von Dirk) und Steffi auf Mallorca in einem Hotel. Am Montag holen uns die beiden ab, zusammen wollen wir einen Tag am Strand Es Trenc verbringen. Baden, in der Sonne liegen, alles passt. Anschließend gehen wir noch in unser strandnahes Lieblingsrestaurant in Ses Covetes, die Bar Esperanza.

Um etwa 17 Uhr beschließen wir, nach Hause zu fahren. Während der Fahrt kommt mir die Idee, allen einmal den Ballermann zu zeigen. Steffi, Aal und Mathilda kennen den berüchtigten Strandabschnitt nur vom Hörensagen. Um diese Jahreszeit ist da nichts los, also keine Gefahr, von grölenden und betrunkenen Touristen überrannt zu werden. Nach ein wenig Überredungskunst biegen wir also ab Richtung Arenal. Tatsächlich bekommen wir direkt vor dem berühmten Bierkönig in der Schinkenstrasse einen Parkplatz. Wie gesagt: nichts los um diese Zeit. Ich gehe im Bierkönig sogar auf die Toilette, im Sommer wäre das ein zumindest zeitraubendes Unterfangen. Heute sind nur etwa 20 Leute im ganzen Laden verteilt. Als ich wiederkomme, sind die anderen schon ein wenig die Straße weiter Richtung Strandpromenade gegangen.

Es ist total ruhig, Mathilda schaut sich in einem Shop die Auslagen an, Aal und Steffi schlendern zehn Meter entfernt vor uns her. Ich bewege mich ebenfalls weiter Richtung Strand, Richtung Balneario 6.

Dort sehe ich etwas, das mich total stört: Auf der etwa 30 Zentimeter hohen Mauer zwischen gepflasterter Promenade und Strand stehen zwei Typen. Und was machen die? Sie grölen und pinkeln in hohem Bogen auf den Strand. Es sind Deutsche, am Gesang unverkennbar. Sowas kann ich nicht ab. Genau wegen solcher Idioten haben wir Deutschen einen mitunter miesen Ruf auf Mallorca. Demonstrativ mitten auf den Strand zu pinkeln, das ist eine Sauerei.

„Ey", rufe ich, „lasst das mal gefälligst sein!" Wahrscheinlich werde ich noch ein wenig deutlicher, jedenfalls ziehe ich die Aufmerksamkeit der beiden erfolgreich auf mich. Einer der beiden packt ein und springt von der Mauer. Wir stehen uns gegenüber, er stößt mich vor die Brust und fragt mich, was ich von ihm wolle. Mutig schubse ich leicht zurück und mache deutlich, dass er sowas gefälligst zu unterlassen habe. Im Laufe dieses Wortwechsels schubst er mich wieder und ich verliere etwas den Halt, weil ich nur Flipflops trage. Ich falle also nach hinten und lande auf meinen Ellenbogen. Gott sei Dank nicht auf dem Kopf, denke ich noch, und außerdem scheint mit den Ellenbogen alles okay.

Dann denke ich nichts mehr.

In dem Moment nämlich, als ich auf dem Boden liege, tritt der Typ mir volles Brett mit Schuh ins Gesicht. Sozusagen voll in die Fresse.

Nach späteren Erzählungen bekommen Mathilda, Aal und Steffi dieses Handgemenge erst mit, als sie den Krach vom Tritt hören.

Minutenlang liege ich bewusstlos auf dem Asphalt und mir läuft das Blut in Strömen aus Nase und Mund. In der Nähe befinden sich einige Afrikaner, die Handtücher verkaufen. Sofort eilen sie zur Hilfe. Auch ein Paar aus Deutschland kriegt den Vorfall mit und leistet tatkräftig Erste Hilfe. Aal und Steffi sind bei mir, Mathilda besorgt ein Handtuch als Unterlage für meinen Kopf und ruft bei ihrer Mutter an. „Papa ist tot", schluchzt sie verzweifelt ins Telefon.

Irgendwann wache ich auf. Die Straßenlaterne leuchtet mir hell ins Gesicht, mir ist kalt, in meinem Kopf dreht sich alles: Was mache ich hier, was ist los ... wo ist Mathilda? Ich sehe Aals Gesicht und er spricht zu mir: „Hinnerk, bist du wach? Wie heiße ich?" „Aaaaaaaal!", stöhne ich leise. „Bleib ganz ruhig, der Krankenwagen ist unterwegs."

Ich höre Mathilda und Steffi weinen und sage irgendetwas auf Englisch (wahrscheinlich, weil ich immer mit Joanna Englisch spreche). „How is Mathilda, what am I doing here?", bekomme ich raus.

Langsam kommt die Erinnerung wieder, langsam gewinne ich Orientierung. *Ich bin mit Mathilda auf Mallorca, wir waren am Strand und eben war was mit einem Typen ...* Ziemlich bald kann ich insofern Entwarnung geben, als dass ich alles bewegen kann. Ich kann sprechen und meine Sinne scheinen noch beieinander.

Als der Krankenwagen endlich kommt, kann ich schon wieder – etwas unsicher noch – stehen, bemerke beim Abtasten meines Mundes aber, dass darin alles zu wackeln scheint.

Mathilda hat sich Gott sei Dank wieder etwas gefangen und stützt mich. Im Krankenhaus werde ich geröntgt, ob sich im Kopf irgendwelche Blutungen befinden. Nach etwa zwei Stunden geben die Ärzte grünes Licht. Als wir bei Aal im Auto sitzen, sind wir alle völlig fertig und versuchen, den Vorfall zu rekonstruieren. Die beiden Täter sind geflüchtet. Der Treter humpelte wohl beim Weglaufen. Ich rufe Joanna an und erzähle ihr kurz, was passiert ist. Anschließend sagt mir Dirk, dass sie mit Ira gesprochen hätten und die sich morgen früh in den Flieger setze, um uns zu helfen. Ira war damals noch Stewardess und konnte sich spontan bei TUI einbuchen. Eine gute Entscheidung. Zu Hause achte ich darauf, kein Blut in der Wohnung zu hinterlassen, und wasche mich erst mal. Mathilda ist großartig, kümmert sich um mich, macht alles, hilft mir mit allem. Völlig fertig schlafe ich dann ein. Am nächsten Morgen steht Ira um 8 Uhr vor der Tür und kriegt erst mal einen Schock, wie ich aussehe: Geschwollen im ganzen Gesicht, Blutspuren und Schorf. Ich bin sehr froh, dass sie bei uns ist, auch, damit Mathilda das besser verarbeiten kann. Zuerst fahren wir alle zu einer Zahnärztin und versuchen zu retten, was zu retten ist. Unten, sagt sie, kann es wieder festwachsen, aber oben sieht es schlecht aus. Ein Schneidezahn ist in der Wurzel gebrochen, der andere wackelt. Sie gibt mir eine Schiene, bis sich mein Zahnarzt in Deutschland den Schaden angucken kann. Anschließend fahren wir zum Ballermann. Ich will nicht, dass das nur einfach so passiert ist. Es wird ein langer Tag auf verschiedenen Polizeistationen. Niemand kann mir etwas Genaues sagen über die beiden Täter, man habe zwar etwas gehört, aber noch keine Personalien. Aber meine Anzeige ist jetzt aktenkundig.

Immerhin. Zwischendurch ruft Til Schweiger an und bietet mir an, sich auf seiner Finca auszuruhen.

Mittlerweile erreichen mich weitere Nachrichten auf meinem Handy. Auch einige Pressekollegen, die ich kenne, fragen vorsichtig nach, was passiert sei. Irgendwie war da was durchgesickert. Am Abend spreche ich darüber mit Hanjo. Wir entschließen uns, dass man diese Art von Gewalt öffentlich machen sollte. Ich schicke Hanjo einige Fotos, die ich zur Beweissicherung gemacht hatte. Er nimmt von Deutschland aus Kontakt zu einem Freund aus der *Bild*-Chefredaktion auf. Wir wollten sichergehen, dass nicht irgendwelche Spekulationen, sondern Fakten berichtet werden.

Mathilda scheint das alles ganz gut wegzustecken, abends treffen wir uns mit Aal und Steffi. Es herrscht große Erleichterung, dass nichts Schlimmeres passiert ist.

Am nächsten Morgen schalte ich nichtsahnend mein Handy ein und erschrecke: Das Gerät steht kurz vor einer Explosion. Vielleicht im doppelten Sinn etwas blauäugig, aber das hatte ich nicht erwartet. Mein Foto prangt auf der Titelseite der *Bild*: „ARD-Moderator auf Mallorca blutig geprügelt." Wieder startet ein Mediensturm ohnegleichen. Fernsehen, Radio, Zeitungen, sogar spanische Medien berichten über den Vorfall. Irgendwann tauchen auch Bilder von den beiden Tätern auf, aufgenommen offensichtlich kurz nach dem Tritt in der Nähe einer Bar. Zeugen melden sich, ich berichte im NDR für unsere Sendung. Erst von Mallorca aus, später auch in Deutschland.

Eine Frage, die ich mir zu der Zeit oft stelle: Hättest du nicht mal deine Klappe halten können, die Typen einfach in Ruhe lassen? Ich komme zu einer klaren Antwort. Nein. Was ich getan habe, hat nichts mit Heldentum zu tun. Das war nicht überlegt, nach dem Motto, ich setze mich jetzt hier für die Gemeinschaft ein. Ich habe einfach instinktiv gehandelt und eine Sauerei beim Namen genannt. Würde ich immer wieder tun, auch wenn ich dafür bezahlt habe. Muss das jeder tun? Zumindest finde ich, man sollte nicht weggucken, wenn einem das Bauchgefühl sagt, da ist was nicht in Ordnung. Man muss sich nicht in Gefahr begeben, aber vielleicht Hilfe holen oder jemanden anrufen. Nur eben nicht gleichgültig sein. Außerdem denke ich, es handelt sich nicht um eine einfache Prügelei. Es handelt sich beim Tritt mit Schuh ins Gesicht um richtig gefährliche Gewalt. Es ist gut, wenn man darüber redet und das nicht einfach als Randerscheinung abhakt.

Ich habe gelernt, wie wichtig Erste Hilfe ist. Wie wichtig in so einer Situation liebe Menschen sind, die helfen. Wer weiß, wie es ohne all dies ausgegangen wäre.

Ich hatte einen Bluterguss an der Stirn vom Aufprall durch den Tritt auf dem Asphalt. Das blaue Auge hatte ich, weil dieser Bluterguss nach unten gerutscht ist. Meine Nase war geprellt und schief und nach mehreren Behandlungen beim Zahnarzt habe ich oben zwei neue Schneidezähne.

Mathilda war unglaublich geschockt, aber nach vielen Gesprächen, um die Sache aufzuarbeiten, geht es ihr wieder leidlich.

Und die beiden Täter? Fotos in der Zeitung, eine Tätowierung, Zeugenaussagen – tatsächlich kam ziemlich schnell heraus, wer die beiden waren. Der „Treter" ist ein Unteroffizier der Marine in Flensburg, der andere ein entfernter Kumpel. Die beiden hatten sich für ein paar Tage zum Feiern auf Mallorca getroffen. Ziemlich schnell war dann auch eine Entschuldigung in meinem Maileingang, weitergeleitet von der Pressestelle der Marine. Offenkundig gab es also keinen Zweifel an der

Täterschaft. Im Strafprozess wurde das allerdings anders bewertet.

Im Herbst 2019 bin ich in Flensburg als Zeuge geladen, Steffi und Aal ebenso.

Ich bin etwas eher da und vor dem Gerichtssaal sitzt ein junger Mann: Kurze Haare, Hemd, Jeans, Brille, ordentliche Erscheinung. Ich gucke auf das Schriftstück neben der Tür und lese mir alles durch. „Ich bin das übrigens," sagt der junge Mann plötzlich zu mir. „Ich möchte mich jetzt auch gleich noch mal ganz herzlich bei dir entschuldigen, wir waren betrunken und ich weiß nicht, was da in mich gefahren ist." Wir geben uns die Hand und ich gucke ihn an. Etwas kleiner als ich, sympathisch. Ich merke, das alles ist nicht spurlos an ihm vorbeigegangen. „Sag mal, wie darf denn das Strafmaß ausfallen, damit du nicht von der Marine entlassen wirst?", frage ich ihn. „Alles, was unter einem Jahr auf Bewährung bleibt, wäre noch okay." Dann werden wir auch schon aufgerufen.

Im Gericht mache ich meine Aussage und erzähle der Richterin alles, was ich weiß, anschließend gebe ich noch ein Statement ab: Dass ich seine Entschuldigung annehmen würde und es mir nicht um Genugtuung gehe. Mir sei wichtig, dass der Täter seinen Fehler einsehe, diese Einsicht vielleicht sogar an andere weitergebe und nicht durch eine mögliche Entlassung sozial abrutsche.

Als Steffi und Aal aussagen, bin ich etwas geschockt, wie nah der ganze Vorfall den beiden offensichtlich gegangen ist. Steffi kann ihre Tränen kaum zurückhalten. „Wir dachten, er sei tot", sagt dann auch Dirk.

Dann werden die Täter befragt. Offensichtlich versucht die Verteidigung, den Grad der Betrunkenheit von beiden besonders hervorzuheben. „Wir können uns eigentlich an nichts erinnern", sagen denn auch beide wie aus einem Munde. Auf die Frage des Staatsanwaltes, wie viel Geld sie denn vertrunken hätten, schätzen sie den Betrag für den ganzen Tag auf zusammen etwa 60 Euro. Warum sie denn die Tat gestanden hätten? Da fällt dann von beiden der schöne Satz: „Weil es doch in der Zeitung gestanden hat."

Ich muss noch vor Ende der Verhandlung wieder zur Arbeit und rufe ein paar Tage später die Richterin an, um nach ihrem Urteil zu fragen. „Wir konnten letztendlich nicht zweifelsfrei belegen, dass die beiden es wirklich waren. Obwohl es natürlich sehr danach aussieht. Ich habe das Verfahren gegen eine Geldbuße von 2000 Euro eingestellt."

... Mein Jürgen
Teil 1: Vater einer Tochter werden ...

Lost my job, wrecked my car, I've been robbed so I won't get far,
It don't matter, don't matter,
The bank took the house, now the neighbor starts to shout,
It don't matter, don't matter.
It doesn't matter cause life has never been better. No not ever, life has never been better,
It don't matter cause life has never been better. No not ever, life has never been better.
No more cage, no more rage 'cause I've turned me a brand new page,
Much better (don't matter),
And I'm free to be me and as far as I can see,
Much better (don't matter) ...
(Jack Radics, „No Matter")

... meine Augen werden feucht, ich werde innerlich ganz weich, alles – vermeintlich – Wichtige wird unwichtig und ich sehe mein größtes Glück. Genau das passiert immer, wenn ich diesen Song im Radio höre. Für immer wird er eine ganz besondere Bedeutung für mich haben. Er erinnert mich an den Tag, als mein Leben sich veränderte, als ich auf einmal bedingungslose Liebe fühlte.

Ich bin wahnsinnig froh, dass ich Ira habe. Immer noch. Wir waren viele Jahre ein Paar und haben dabei viele Höhen und Tiefen erlebt. Wir leben schon lange getrennt und sind seit vielen Jahren wieder richtig gut befreundet. Unsere Familien verstehen sich ebenfalls sehr gut, wir helfen uns alle gegenseitig, auch in schwierigen Situationen. Das muss man einfach mal sagen, denn es ist nicht unbedingt selbstverständlich. Aber das Wichtigste ist: Ira und ich sind gemeinsam Eltern.

Ein bisschen dafür üben konnte ich schon als väterlicher Freund mit Erziehungs- und Betreuungsaufgaben, als wir vor vielen Jahren mit Iras erster Tochter Sophie gemeinsam gelebt haben. Ich freue mich, dass das kleine Mädchen als mittlerweile fast 30-jährige Frau einen großartigen Weg gegangen ist und schon lange glücklich mit ihrem Dominik in der Schweiz lebt. Wenn ich auf meine Rolle von damals zurückblicke: ich habe nicht immer nur alles richtig gemacht. Natürlich habe ich mich um sie gekümmert, natürlich haben wir geredet und gemeinsam Spaß gehabt. Ich habe es auch immer unterstützt, wenn Sophie und ihr Vater Karsten sich sehen wollten. Aber ich war ihr gegenüber nicht immer nur entspannt. Ich konnte nicht immer ein Kind nur einfach ein Kind sein lassen. Wahrscheinlich war ich gelegentlich zu streng. Ja, das trifft es ganz gut. Es war keine Katastrophe, aber aus heutiger Sicht sehe ich, dass Sophie damals oft mehr Gelassenheit von mir gebraucht hätte.

Wahrscheinlich habe ich es auch deswegen dann bei Mathilda unbewusst anders gemacht.

Nach einigen Jahren, einigen Trennungen und einigen Wiedervereinigungen wurde Ira im Frühjahr 2001 von mir schwanger. Nein, das war nicht geplant, es ist passiert. Aber es war von vornherein klar, dass wir dieses Kind bekommen würden, obwohl es damals nicht so gut um unsere Beziehung stand.

Als Erstes mietete ich ein kleines Reihenhaus, in dem wir als Familie genügend Platz hatten. Alles wunderbar, aber schon kurz nach dem Einzug regte sich in mir ein gewisser Widerstand. War es wirklich das, was ich in dem Moment vom Leben wollte? Dieses Gefühl der Enge wurde übermächtig, als wir an einem frühsommerlichen Nachmittag für den kleinen Garten einen Rasenmäher kauften. Nein, das war nicht das, was ich mit 33 gerade wollte. Mir schnürte sich der Hals zu und ich sah mein aufregendes Leben mit diesem Rasenmäher zu Ende gehen.

Was folgte, war ein kleiner Ausbruch in Form einer kurzfristigen Schwärmerei für eine andere Dame, der meinen Rausschmiss aus dem Reihenhaus nach sich zog. Ich landete bei meinem Freund Achim in der Kellerwohnung. Großartig, diese viel zitierte „Suche nach dem wahren Leben" machte wirklich Spaß!

Noch heute danke ich unbekannten Mächten oder – wahrscheinlich eher – der Weitsicht von Ira, dass wir uns kurz vor der Geburt wieder annäherten. Wir wurden uns immerhin dahingehend einig, dass wir die Geburt gemeinsam durchziehen. Außerdem konnten wir einfach nicht leugnen, dass wir immer noch Gefühle füreinander hatten.

Die Geburt allerdings sollte dann ziemlich turbulent werden. Es ging damit los, dass wir gemeinsam abends bei Freunden auf einer Feier waren. Schön vorsichtig und natürlich ohne Alkohol, falls was sein sollte. In etwa einer Woche war der ausgerechnete Geburtstermin. Plötzlich sagte Ira, es laufe ihr nass das Bein herunter. Fruchtblase geplatzt, lautete die Expertenmeinung einiger anwesender Mütter. Also ab ins Krankenhaus, es geht los. Im Krankenhaus angekommen, erst mal

Entwarnung. Muttermund noch nicht geöffnet, das würde also noch dauern.

Die Nacht blieb ruhig, am nächsten Morgen war ich früh wieder bei Ira, aber es gab keine nennenswerten Entwicklungen. „Die Ärzte wollen noch etwas abwarten, aber wenn sich nichts von allein tut, leiten wir die Geburt bald ein. Bis dahin soll ich viel gehen und zur Animierung des Muttermundes Treppen steigen," klärte sie mich auf. Gesagt, getan. Oststadtkrankenhaus Hannover, wir starteten zur Erkundungstour.

Bis zum Nachmittag tat sich nichts. Die Ärzte beschlossen, den Muttermund mit irgendeiner Creme zu behandeln, damit er sich leichter öffnete und der Geburtsvorgang eingeleitet würde. Bis zum Abend tat sich immer noch nichts. Ira ging es soweit gut, sodass ich gegen 21 Uhr wieder nach Hause fuhr, natürlich in Rufbereitschaft.

Am nächsten Morgen war ich wieder um 8 Uhr im Krankenhaus, aber es gab noch immer keine Veränderung. Nun hatte ich das Problem, dass ich mittags in Hamburg zu einem Casting für ein neues Fernsehprojekt eingeladen war. Die Ärzte versicherten mir, dass das zeitlich kein großes Problem darstellen würde. Wann immer es losgehen würde, würden sie mich alarmieren und ich hätte dann noch gute zwei Stunden Zeit bis zur eigentlichen Geburt. Die Lage war unverändert, Ira war auch einverstanden, also fuhr ich nach Hamburg.

Wäre ja auch gelacht, mein silberner BMW 318i und ich hatten schon ganz andere Strecken bewältigt. Solch ein Fahrer in solch einem Auto, da war der Kreißsaal sozusagen jederzeit in kürzester Zeit erreichbar.

Es kam dann aber leider wie es kommen muss. Kurz vor Hamburg, in Höhe Seevetal, machte der Motor meines BMW komische Geräusche.

180.000 Kilometer pures Vertrauen und jetzt an *diesem* Tag plötzlich sowas. Da drückst du aufs Gaspedal und nichts passiert. Mit letzter Kraft erreichte ich den Rastplatz und machte ein ziemlich dämliches Gesicht. Und jetzt? Okay, erst mal bei Ira anrufen. Dort war in Sachen Muttermund noch alles entspannt. Also los, Hinnerk, das Casting schaffst du noch, war mein Gedanke. Helfen sollte mir dabei Iras Mutter Petra, immer ein Garant für unkonventionelle Lösungen.

Unser Plan: Ich rufe ein Taxi, das mich nach Hamburg fährt und nach dem Casting wieder zurück zur Raststätte, wo Petra mit ihrem Auto auf mich wartet, um mit mir dann zurück nach Hannover zu fahren.

Nun könnte man denken: Ziemlich eiskalt, was der werdende Vater da noch so abzieht. Dazu darf ich sagen, dass ich an diesem Tag dann doch ziemlich von der Rolle war, sodass ich mich nicht erinnere, um was es bei dem Casting eigentlich ging. Mit anderen Worten, ich habe es verbockt, weil ich gedanklich komplett woanders war.

Als ich auf dem Rastplatz zu Petra ins Auto stieg, war es höchste Eisenbahn. Allen Informationen nach schien sich der Muttermund langsam zu öffnen.

Im Krankenhaus angekommen, wurde Ira gerade für den Kreißsaal vorbereitet. Uff, gerade noch rechtzeitig geschafft! Sie hatte Schmerzen und die Wehen kamen in immer kürzeren Abständen. Im Kreißsaal stand ich neben ihr am Kopfende des Bettes. So hatten wir es vorher vereinbart. Ich weiß noch, wie sich das alles immer mehr steigerte: Sie drückt meine Hände wie verrückt, hat einen roten Kopf vor Anstrengung und stöhnt und atmet. Und stöhnt lauter und atmet, und stöhnt noch lauter und versucht zu atmen. „Da kommt der Kopf!", sagte jemand in Weiß. Und tatsächlich, da unten bahnte sich ein dunkel behaartes Köpfchen seinen Weg nach draußen. Dann ging alles ganz schnell und ein kleiner verschmierter Körper flutschte förmlich aus Ira heraus. Ich durfte mit zittrigen Händen die Nabelschnur durchschneiden. Unser kleines Wunder wurde etwas abgerieben, kurz kontrolliert und dann in ein Handtuch gewickelt. Und da hielt ich sie auch schon im Arm.

Mathilda war da.

Sie machte einen irgendwie zerknautschten, erschöpften, aber auch ganz fröhlichen Eindruck. Was war das für ein schönes Bild, als ich unser Kind in Iras Arme legte. Alle Anstrengung und Aufregung war mit einem Moment in Glück verwandelt.

Natürlich war ich völlig unbedarft, wie man mit so einem kleinen Menschlein umgeht. Offensichtlich aber trauten mir Hebamme, Schwestern und Arzt das alles zu. Jedenfalls gaben sie mir unser Kind in die Arme und hielten mich an, draußen zu warten, bis Ira ärztlich versorgt und wieder auf ihrem Zimmer wäre. Da stand ich nun, mit meinem kleinen großen Schatz im Arm. Ich war einfach sowas von glücklich, gerührt und stolz, es war unglaublich. Ich liebte dieses Kind sofort und wusste, das wird nie aufhören. Ich fühlte auch sofort diese Fürsorge, die Eltern gegenüber ihren Kindern von Natur aus haben.

Ziemlich allein standen wir beide da auf dem Krankenhausflur, als ich etwas entfernt aus einem Raum Stimmen hörte. Sie kamen aus dem Aufenthaltsraum für Mitarbeiter. Im Hintergrund flimmerte der Fernseher. Es war etwa 18:30 Uhr am 10.11.2001 und es lief das WM-Qualifikationsspiel Ukraine gegen Deutschland. An das 1:1 kann ich mich, obwohl es mir ganz egal war, noch glasklar erinnern, und an die Warmherzigkeit in diesem Raum, die einfach unglaublich war. Alle gratulierten uns beiden, freuten sich mit uns. Und wir? Wir lachten uns an und waren gleich ein gutes Team. Ich fing an, erste Scherze mit meiner Tochter zu machen und ahnte, dass sie mich irgendwie verstand. Gerade auf der Welt und schon mit Papa unterwegs. Im Nachhinein konnte man das als Zeichen werten: Mathilda und ich sollten die nächsten Jahre noch oft zusammen unterwegs sein.

Die Halbzeit war längst vorbei, als wir wieder zu Mama ins Zimmer gehen durften. Ira strahlte voller Glück, alles war gut verlaufen, sie wollte jetzt nur noch Mathilda in den Arm nehmen und versuchte, ihr die Brust zu geben.

Wir redeten viel und freuten uns an unserer Tochter und irgendwann war die Mama so müde, dass sie nur noch schlafen wollte. Mathilda schlief inzwischen auch schon in ihrem kleinen Babybettchen an Iras Kopfende. Schlaft gut meine Lieblinge, spätestens um 8 Uhr morgen früh bin ich wieder da!

Mein Kopf, mein Herz waren zu diesem Zeitpunkt förmlich überflutet mit Gefühlen, sodass ich fast dankbar war, noch bei meinem alten Freund Tulio zum Geburtstag eingeladen gewesen zu sein. Ich musste dahin, musste den Freundinnen und Freunden von diesem tollen Kind erzählen, sonst wäre ich explodiert.

Als ich mit Petras Auto also auf der A37 nach Celle unterwegs war, lief plötzlich im Radio ein Song, den ich vorher noch nie gehört hatte: Jack Radics „No matter". Mir liefen die Tränen nur so übers Gesicht, so erwischte mich dieser Song. Ich fühle genau das, was Jack Radics singt: „Habe meinen Job verloren, mein Auto ist kaputt, aber alles ist egal. Nicht mehr gefangen sein, keine Wut mehr, denn ich habe ein neues Kapitel aufgeschlagen ..."

Das war es. So viele Dinge im Leben sind absolut unwichtig. Ich hatte erfahren, was wirklich wichtig ist und war sowas von froh, dieses Kapitel aufgeschlagen zu haben. Es war der Song für meine Tochter und er erzählte meine Geschichte.

Während unserer kleineren Auszeit kurz vor der Geburt hatte Ira den Mietvertrag des Reihenhauses gekündigt und eine kleinere Wohnung in der Südstadt von Hannover angemietet. Ich hatte inzwischen zwar ebenfalls eine eigene kleine Wohnung und musste wegen der Morgenmoderation im Radio auch immer früh aufstehen, aber meistens war ich bei den Mädels. Also fast eine ganz normale Zeit als frische Eltern: Nachts aufstehen, sauber machen und Windeln wechseln? Kein Problem. Spielen im Bett, der Flieger (Kind liegt auf meinen hochgestreckten Füßen und rastet aus vor Freude), Teletubbies gucken, auf dem Boden rumkriechen oder füttern. Alles normal und wunderschön. Alle unsere Freundinnen und Freunde waren begeistert, Mathilda fremdelte nicht und wurde von jedem ins Herz geschlossen. Alle Omas und Opas waren entzückt und rissen sich darum, Zeit mit der Kleinen zu verbringen. Die Spielplätze der Umgebung wurden ein neues Zuhause.

So ganz genau weiß ich nicht mehr, warum Ira und ich uns voneinander entfernt haben. Unbemerkt ließ von beiden Seiten die Liebe einfach nach. Ich merkte, dass ich ihr zu wenig Aufmerksamkeit schenkte. Erst kam unsere Tochter, dann ich, dann meine Freunde und dann erst sie. So würde sie es wahrscheinlich beschreiben.

Auf der Hochzeit von Joachim und Steffi im Herbst 2004 passierte es. Eigentlich war es ein schöner Abend mit wunderbarer Stimmung. Es passierte auch nichts Schlimmes, außer dass wir nicht miteinander, sondern auf dem gleichen Fest eher nebeneinanderher feierten. Und auf einmal war sie weg. Mitten in der Nacht. Einfach weg, Handy abgeschaltet. Das war's dann. An diesem Abend ging eine Beziehung zu Ende, die – mit allen Auszeiten – etwa 15 Jahre gehalten hatte.

Vater einer Tochter sein ...

„Ich glaube, meine Freunde mögen mich nicht mehr und wollen auch nicht mehr mit mir spielen", sagt Waldi ganz traurig. „Hm", überlegt der Förster, „das sollten wir doch einfach mal rausfinden, oder?"

Die nächsten Jahre waren hart zwischen Ira und mir. Verletzte Gefühle, Einflüsse von den jeweils neuen Partnern. Aus unseren früheren Liebesgefühlen füreinander entwickelt sich tiefe Abneigung. Es ging um Geld, es ging um Umgangsrecht, das ganze Programm.

Um es klar zu sagen: Jede Medaille hat zwei Seiten. Wir beide haben die Situation aus jeweils unserem Blickwinkel betrachtet und das vermeintlich Richtige getan und das vermeintlich Falsche des anderen versucht zu torpedieren. Aus meiner Perspektive kann ich nur sagen, die Zeit, als ich nicht wusste, wann und wie ich meine Tochter wiedersehen konnte, war die härteste in meinem Leben.

Alles war dadurch noch zusätzlich kompliziert, dass ich mittlerweile in Hamburg arbeitete und dazu oft am Wochenende Sendung hatte. Dazu die jeweils neuen Partner, die sich auch die eine oder andere Spitze nicht verkneifen konnten, wodurch sich die Dinge immer mehr aufschaukelten. Solange, bis die Kommunikation fast unmöglich wurde.

Am schlimmsten aber war es für Mathilda. Ihre Tränen, ihre verzweifelten Blicke werde ich nie vergessen. Da ist so ein liebes Kind und versucht natürlich, es beiden Elternteilen irgendwie recht zu machen.

Zweimal musste ich Ira verklagen, damit ich Mathilda sehen konnte. Beim zweiten Mal funktionierte das übrigens erfolgreich auch ohne Anwalt, dafür reichte ich einfach den Antrag für 70 Euro persönlich beim Gericht ein. Im Prozess sorgte die Richterin mit einer klaren Ansage auch an Ira dafür, dass wir ganz langsam wieder in eine bessere Richtung abbogen.

Ganz vorsichtig stellte sich wieder so etwas wie Vertrauen ein. Es mochte damit zusammenhängen, dass Ira mit der Zeit weniger schädlichem Einfluss ausgesetzt war und auf der anderen Seite auch sah, dass Mathilda für mich immer an erster Stelle stand. Das wiederum war für mich insofern etwas problematisch, weil Agatha, mit der ich sonst glücklich zusammen war, sich dadurch gelegentlich zurückgesetzt fühlte. In so einer Situation gibt es keine einfachen Lösungen.

Die Einschulung von Mathilda haben Ira und ich dann sogar wieder gemeinsam gestaltet. Es war ein schrittweiser Prozess, aber ab da wurde es von Monat zu Monat besser, weil wir verstanden, dass wir für Mathilda bessere Eltern sein konnten, wenn wir unsere eigenen Befindlichkeiten einfach mal hintanstellten. Und genau diese Erkenntnis war es letztlich auch, die uns wieder richtig nah zueinander brachte. Vielleicht brauchten wir diese Phase der „Feindschaft", um unsere Gefühle zu verarbeiten und uns als Freunde auf Augenhöhe wiederzufinden. Wir sind beide glücklich darüber. Vor allem sind wir aber sehr froh, dass unsere Tochter total glücklich und zufrieden mit unserer jetzigen Form des Elternseins ist.

Alle wichtigen Entscheidungen seit der Schule haben wir gemeinsam getroffen.

Eines muss ich an dieser Stelle an alle Mütter und Väter, die sich dann doch (bitte nichts unversucht lassen) leider trennen, loswerden. Seid nicht blöd. Legt die eigene Betroffenheit zur Seite und versucht nicht, das Kind zu instrumentalisieren, um jemand anderem zu schaden. Und erkennt einfach mal, dass es auch Vorteile hat, sich die Kinderbetreuung gelegentlich aufteilen zu können. Immer vorausgesetzt, euer Kind ist glücklich: Wie wohltuend kann es sein, mal eine Auszeit zu haben? Zeit für den neuen Freund, die neue Freundin. Zeit für einen entspannenden Urlaub. Zeit, sich mal ohne Babyphone mit Freunden zu treffen. Zeit, ohne schlechtes Gewissen arbeiten zu können. Niemals darf man in einer Trennung vergessen, dass der andere Elternteil euer Kind oder eure Kinder genauso liebt und, vielleicht auf andere Art, aber dennoch genauso fürsorglich ist wie man selber. Ich glaube zudem nicht, dass Kinder nur dann glücklich sind, wenn sie permanent umsorgt werden. Wir müssen Kindern nicht ständig beweisen, dass sie uns brauchen. Wenn sie uns brauchen, kommen sie schon von ganz allein. Kinder sind vor allem glücklich, wenn sie wissen, dass sie geliebt werden und wenn Mama und Papa die gleiche Sprache sprechen.

Und was ist denn nun mit Hinnerk als Vater?
Es gibt schlicht nichts Besseres für mich, als Vater zu sein! Um dieses Gefühl zu beschreiben, sage ich gerne: Wenn meine Frau in einem brennenden Haus ist, renne ich rein, um sie zu retten, nachdem ich eine Zehntelsekunde lang alle Gefahren abgewogen habe. Wenn mein Kind in diesem Haus ist, renne

ich rein, ohne nachzudenken. Wahrscheinlich denken alle Eltern so, Väter wie Mütter. Die Liebe zu einem Kind ist ohne jegliche Bedingung oder Einschränkung. Sie ist auch nicht davon abhängig, wie oft man sich sieht. Die Liebe zu seinem Kind ist einfach da.

Ist das nicht ein großes und schönes Wunder?

Mathilda und ich haben wirklich viel miteinander erlebt und werden es mit Sicherheit auch noch weiter tun.

Als Mathilda noch klein war und dann ein paar Tage bei mir verbracht hat, ging es abends mitunter darum, dass sie nicht einschlafen konnte. Da lag dann nun dieses süße Kind im Schlafanzug in seinem Hochbett im Kinderzimmer und hatte irgendwas auf dem Herzen. Was mochte das bloß sein? Dass sie im Kindergarten von der Schaukel gefallen war und ihre Freundin gelacht hatte? Von meinem Vater wusste ich aus eigener Erfahrung, wer da helfen konnte:

Der kleine Rauhaardackel Waldi

Eines Morgens war der Förster ganz erstaunt. Waldi bellte gar nicht so fröhlich herum, wedelte gar nicht wie wild mit seinem Schwänzchen und tobte gar nicht so ausgelassen durch das Försterhaus, wie er es sonst immer tat.

Waldi war ganz still und blickte den Förster aus seinem Körbchen mit großen Augen an.

„Was hast du denn, Waldi, sonst freust du dich doch immer, wenn wir morgens zu deinen Freunden raus in den Wald gehen?"

„Ach", sagte Waldi leise, „ich mag meine Freunde heute gar nicht sehen, die haben gestern alle über mich gelacht."

In den 70ern, auf der Insel Brač, damals Jugoslawien: Den Jungen in mir sollte ich nie ganz verlieren.

… diese Haare, dieser nachdenkliche Blick: Damit wollte ich als Model durchstarten. Es hat bis in die Kachelabteilung eines Baumarktprospektes gereicht.

Warum ich dieses Sakko trage, ist unklar.
Klar ist aber, dass ich mich damals besonders lässig fand:
wilde 80er in Hannover mit Achim und Rudi.

Mit meinem Freund Rudi
und gemeinsamen
Freundinnen während des
Studiums. Eine der Damen
war vorher mit Sänger
Matthias Reim zusammen.
Viele Jahre später konnte
er sich bei mir in der
Sendung erinnern …

Gut, dass es dieses Foto gibt (in den 90ern in Kenia).
Wie schlank ich mal war und was für 'nen Sixpack ich doch hatte!

Seien wir ehrlich: gut, dass ich ein Hemd trage. An diesem Körper müsste mal dringend gearbeitet werden. Oder eben BH tragen.

Mit solchen Kolleginnen macht die Arbeit nur Spaß: Inka, Bettina und ich bei der Verleihung der goldenen *Bild der Frau*.

Bei mir nimmt die Brille vielleicht ein wenig das Doofe aus dem Gesicht ... Immer ein großer Spaß, Atze auf dem Sofa zu haben.

»Hallo Pet, hallo shop, hallo boys!«
Wenn du Legenden der 80er im Studio triffst ...

Ich finde, es gibt Schlimmeres, als Sarah Connor im Studio zu haben. Optisch gingen wir zusammen durch.

Bob Geldorf nach seiner schonungslosen Beichte, sehr bewegend: »Ich habe eine Mitschuld am Drogentod meiner Tochter ...«

Die Perspektive täuscht: Bear ist eigentlich größer, aber ein Kätzchen bei Mathilda.

Schon früh macht sich bei Mathilda ein gewisser Einfluss des Vaters bemerkbar …

Das wird uns immer in Erinnerung bleiben: Urlaub gemeinsam in Plettenberg Bay, Südafrika. Was für eine großartige Zeit zusammen als Tochter und Vater.

Wenn Eltern versuchen, fröhlich zu bleiben: Ira und ich verabschieden Mathilda am Flughafen für anderthalb Jahre nach Neuseeland.

Was für ein schönes Paar:
Papa und Mutti, als sie ungefähr so alt waren wie ich jetzt.

Mathilda war für Papa immer ein
Quell der Lebensfreude.

Ein echter Glücksmoment für
Mutti: Beide Söhne gleichzeitig
bei ihr zu Hause.

Das ist Glück pur: mit meinen Jungs im Golfurlaub auf Gran Canaria. Mehr geht nicht.

Ab in die Flensburger Förde: für den NDR springe ich auch schon mal live aus dem Hubschrauber …

OCC Küstentrophy: Hinnerk in der Corvette Stingray.
Was ich als Kind bewundert habe, darf ich jetzt selbst fahren.
Mega … und passt wie die Faust aufs Auge.

Wenn da jetzt noch Muskeln wären, könnte es gut aussehen: in meiner Lieblingsbar auf Mallorca.

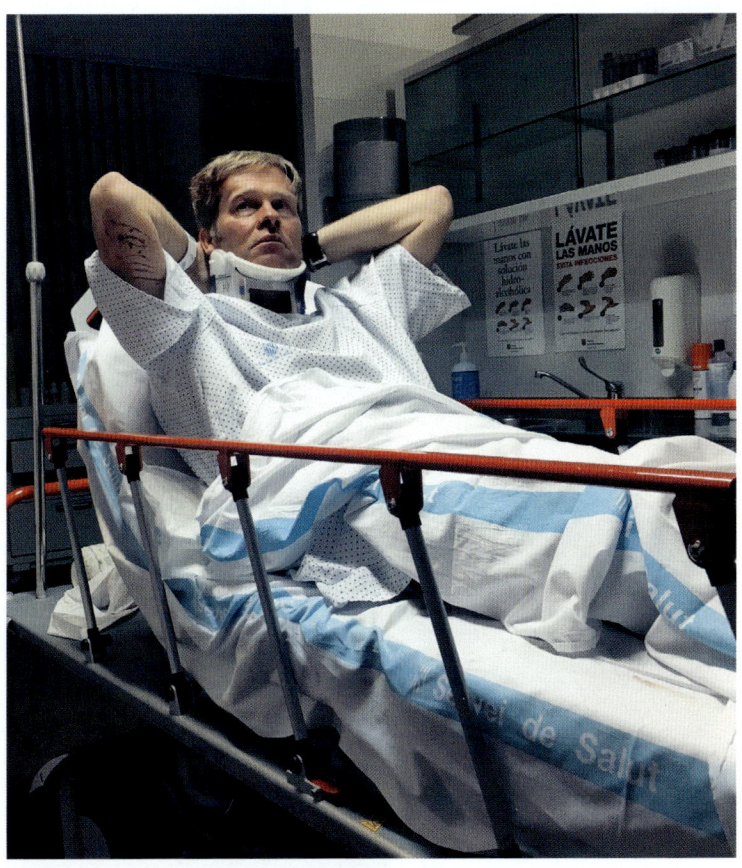

Das war knapp: im Krankenhaus auf Mallorca werde ich durchgecheckt, ob nach dem Tritt ins Gesicht am *Ballermann* noch alles ok ist.

Zaghafte Versuche: der erste Drink während des Skiurlaubs mit den Vätern.

Urlaub in Südafrika: Svenni vorweg und danach musste erstmal Mathilda ran, bevor sich der Vater auch getraut hat ...

Ein entscheidender Abend. Thomas Anders war dabei.

So sieht ein stolzer Unternehmer aus: Die Hinnerk-Baumgarten-Express-Logistik nimmt Fahrt auf.

Joanna und ich: eigentlich könnte das doch das Foto für die Hochzeitseinladung werden!

„Wieso das denn, mein lieber Waldi?"

„Wir haben gestern alle gespielt und sind durchs Laub gelaufen und über Baumstämme gesprungen und haben Fangen gespielt."

„Aber das macht ihr doch ganz oft, und immer musst du dich mit dem lieben Fuchs zusammentun, weil die Rehe sonst viel zu schnell für euch sind", sagte der Förster mit einem Lächeln. „Das haben wir ja auch wieder so gemacht. Nur als ich versuchte, hinter dem Reh herzulaufen und über einen Baumstamm springen wollte, bin ich ausgerutscht."

„Ach, und bist du hingefallen und hast du dir wehgetan?"

„Ich bin ganz doll auf dem Baumstamm ausgerutscht und unten auf meinem Popo gelandet."

„Aber sowas passiert euch allen doch sicherlich ganz oft beim Spielen!"

„Aber dieses Mal hat sich das Reh umgedreht und angefangen fürchterlich zu lachen, und dann hat der Fuchs auch gelacht und überhaupt haben alle gelacht und ich habe mich ganz blöd und allein gefühlt."

„Jetzt weiß ich auch, warum du gestern schon so früh wieder im Försterhaus warst und gar nicht mehr viel erzählt hast. Du hast auch gar nicht mehr in deinen Napf geguckt. Ich dachte schon, du bist krank", sagt der Förster mit einem warmen Lächeln zu Waldi.

„Ich glaube, meine Freunde mögen mich nicht mehr und wollen auch nicht mehr mit mir spielen", sagt Waldi ganz traurig.

„Hm", überlegt der Förster, „das sollten wir doch einfach mal rausfinden, oder?"

Liebevoll nimmt der Förster Waldi auf den Arm und setzt ihn draußen in den kleinen Korb, den er vorne an seinem Försterfahrrad montiert hat.

„Heute brauchst du auch nicht selbst zu laufen, sondern darfst den ganzen Weg bis zur Lichtung vorn im Körbchen mitfahren!" „Na gut", sagt Waldi, „aber ich glaube, meine Freunde sind längst nicht mehr da. Die spielen bestimmt schon ohne mich und sind im Wald verschwunden."

Waldi kommt die Fahrt mit dem Fahrrad endlos vor, traurig hängen seinen Ohren herunter und er befürchtet, seine Freunde würden nie wieder mit ihm spielen wollen. Nach einiger Zeit wird der Weg etwas rumpeliger und die beiden nähern sich der Lichtung. Niemand ist zu sehen. Keine Rehe, keine Eichhörnchen, keine Hasen, nicht mal der Fuchs scheint da zu sein.

„Siehst du, Förster, meine Freunde sind alle weg, niemand will mehr mit mir spielen", sagt Waldi aus seinem Körbchen heraus.

Plötzlich raschelt es hinter dem Brombeerbusch kurz vor ihnen. Auch hinter der großen Eiche am anderen Ende der Lichtung bewegt sich etwas.

„Überraschung!", ruft es von allen Seiten der Lichtung und auf einmal springen der Fuchs, die Rehe, Eichhörnchen, Hasen und sogar die kleinen Wildschweinfrischlinge aus ihren Verstecken hervor.

„Wir haben schon auf dich gewartet und wollen mit dir spielen. Weil du gestern so traurig nach Hause gegangen bist, dachten wir, du magst uns gar nicht mehr."

„Wie kommt ihr denn darauf?", bellt Waldi fröhlich und springt ganz schnell aus dem Fahrradkorb.

„Ich bin extra mit dem Fahrrad gekommen, damit ich ausgeruht bei euch bin und den ganzen Tag mit euch spielen kann!"

Und so wurde es dann ein ganz toller Tag für Waldi mit seinen Freunden im Wald.

Als Waldi dann abends beim Förster auf dem Schoß liegt und im Kamin das Feuer prasselt, überlegt er, am nächsten Tag statt Fangen vielleicht mal wieder Verstecken zu spielen.

„Na, Waldi", sagt der Förster, „ich hab's doch gleich geahnt, auf seine Freunde kann man sich verlassen. Und wenn mal gelacht wird, weil dir ein Missgeschick passiert ist, dann lachen deine Freunde nicht über dich, sondern nur über das Lustige, was dir passiert ist. Da brauchst du nicht traurig zu sein, und am nächsten Tag sieht die Welt schon wieder ganz anders aus."

Zufrieden und erleichtert macht Waldi seine Äugelein zu und schläft ganz beruhigt ein.

Die Leiden des jungen Baumgarten

Passiert dir das öfter? Sex oder nicht ...

Erwartungsfroh, aber auch ziemlich nervös liege ich im Bett in ihrer Wohnung. Gleich muss es endlich passieren. Es ist etwa 22 Uhr und endlich kommt Agatha aus dem Bad ins Schlafzimmer. „Was hast du denn für einen roten Kopf?", fragt sie. Ich tue so, als wisse ich nicht, was sie meine, weiß aber doch sofort: Das wird wieder nichts ...

Hannover hat diesen wunderbaren Charme, dass man sich hier kennt. Oder zumindest kennt man sich über jemanden, den man kennt. Man traf und trifft Gerhard Schröder, der seinen Espresso beim Italiener trinkt. Mir ist es sogar mal passiert, dass ich mit Freunden beim Bier in der Wirtschaft nur zwei Tische entfernt von Gorbatschow gesessen habe. Oder Wladimir Putin: der besuchte Schröder in dessen Haus, das sich damals nur wenige hundert Meter von meiner Wohnung entfernt befindet. Jürgen Trittin sieht man in der Markthalle, Philipp Rösler bei Horstmann und Sander ...

Ich erzähle das, weil sich in Hannover, über alle persönlichen Präferenzen hinweg, schnell parteiübergreifend eine gewisse Nähe zu prominenten Persönlichkeiten ergeben kann.

So kannte ich auch einige Leute aus der niedersächsischen CDU und war 2003 dabei, als Christian Wulff zum neuen Ministerpräsidenten gewählt wurde. Entsprechend ausgelassen war abends die Stimmung im alten Rathaus. In der allgemeinen Partystimmung fiel mir eine hübsche und sympathische Dame auf, zu der ich mich auf den ersten Blick hingezogen fühlte.

Eine Kontaktaufnahme fand auch statt, wiewohl ich, wie sie mir später erzählte, eher etwas ungelenk wirkte, oder um es anders zu sagen, ich war wohl leicht angetrunken und in meiner Ansprache eher schlicht. Aber trotzdem konnte ich mir ihren Namen merken: Agatha. Zu der Zeit war ich Morgenmoderator bei Hitradio Antenne. Und dort war der neue Ministerpräsident an einem der darauffolgenden Tage morgens bei mir im Studio. Am Ende meines Interviews fragte ich ihn: „Kennen Sie eigentlich eine gewisse Agatha? Die muss bei Ihnen in der Fraktion arbeiten." „Na klar," sagt Wulff, „eine klasse Mitarbeiterin! Wenn Sie die interessant finden, dann kann ich mir ja mal was einfallen lassen." Wie ich später erfahre, hat er das tatsächlich getan.

Aber mehr als ein Jahr lang passiert erst mal nichts. Zumindest nichts mit Agatha – das Einzige, was ich irgendwann hörte, war, dass sie einen festen Freund hat. Dieser harmlose Flirt auf der Wahlparty war schnell aus meinem Kopf.

Und dann passierte es doch, beim Sommerfest der Landesregierung.

Herrliches Ambiente im Neuen Rathaus von Hannover mit den breiten Treppen und der großen Terrasse direkt am Maschteich. Und da war sie, Agatha, zusammen mit einigen Kolleginnen, und sie schaute zu mir rüber! Da die eigene Wahrnehmung und die Wahrnehmung von anderen oft komplett verschieden sein können, schreibe ich jetzt mal, was sie mir später erzählte über diesen Abend. SIE sagte nämlich zu Ihren Kolleginnen: „Oh ne, da drüben ist wieder dieser Blödmann Baumgarten ... Mist, jetzt hat er mich gesehen und glotzt rüber. Hoffentlich kommt der nicht angedackelt. War schon peinlich genug, dass mich Wulff auf ihn angesprochen hat." ICH dagegen dachte: „Ah, sieh an, sie guckt schon rüber, scheint sich an mich zu erinnern. Dann versuche ich doch mal, Kontakt aufzunehmen." Wenn ich ihre Gedanken nur ansatzweise geahnt hätte, dann hätte ich meinen alten Freund Ulli niemals gebeten, sie von den Kolleginnen weg und zu mir hin zu lotsen. Tatsächlich klappte das auch und plötzlich standen wir uns gegenüber.

Ich weiß nicht mehr, was ich zu Agatha gesagt habe, aber scheinbar war es nicht komplett dämlich, denn wir fingen an, uns zu unterhalten. Und das wurde immer länger, kein Small Talk, sondern eine nette, offene und ernsthafte Unterhaltung, während derer sie auch ihre Kolleginnen wieder zurückschickte, die gekommen waren, um sie von mir zu erlösen. Zu etwas späterer Stunde saßen wir im Dunkeln auf den Stufen zum Maschteich und hatten uns immer noch was zu erzählen. Hatte ich eigentlich erwähnt, dass Agatha Polin ist? Geboren in der Nähe von Warschau, aber aufgewachsen in Hannover.

Am nächsten Tag fasse ich mir ein Herz und mache den Blumenkavalier. Jemandem Blumen auf die Arbeit zu bringen – so etwas kann schnell eher unangenehm werden, aber es war ehrlich und hat sie vielleicht auch deswegen total begeistert. Ab sofort waren wir das Gesprächsthema in der Fraktion.

Was mich betrifft, war ich Feuer und Flamme, anders ausgedrückt: total verliebt in diese bezaubernde, interessante, intelligente und hübsche Frau. Offensichtlich ging es ihr ähnlich. Wir trafen uns nach Feierabend in einem Restaurant, gingen spazieren, verbrachten viel Zeit miteinander. Alles noch ohne größere Zärtlichkeiten. Mal hier eine Berührung, mal da eine etwas zu lange Umarmung bei der Verabschiedung oder einfach nur vielsagende Blicke.

Dann kommt ein Samstag, an dem wir beschließen, zusammen auszugehen. Zufällig ist auch mein Freund und damaliger Chef Joachim mit dabei. Wir bilden eine lustige, aufgekratzte Runde. Zu späterer Stunde landen wir im Palo Palo. Und ja, da gab es unseren ersten Kuss. Leidenschaftlich, süß, lang, sehnsuchtsvoll. Wir halten uns im Arm und wissen, dass wir uns beide wollen, wissen, das wird unser Abend.

Ich gehe jetzt einfach mal davon aus, dass Agatha weniger getrunken hatte als wir Jungs, jedenfalls sitzt sie am Ende des Abends am Steuer meines Mini, als wir Joachim nach Hause fahren. Ich werde auf der Rückbank bei ihrer doch recht flotten Fahrweise ein wenig umhergewirbelt. Alles in allem bin ich begeistert, wie sie das Auto bewegt, und auch Joachim dreht sich mehrfach johlend nach hinten. Nachdem wir ihn zu Hause abgeliefert haben, fahren wir wie selbstverständlich weiter zu ihr nach Hannover-Döhren. Einparken, keine Zweifel mehr, wir laufen die Treppen hoch in den fünften Stock und stürzen in die Wohnung, torkeln küssend Richtung Schlafzimmer. Auf dem Bett ziehen wir uns gegenseitig aus, fassen uns an. Agatha duftet nach Party, nach Parfüm, nach Lust und fühlt sich wahnsinnig sexy an. Alles ist wunderbar und in dieser Situation meine ich nun, meine erotischen Sehnsüchte leicht lallend in Worte fassen zu müssen. Agatha sieht mich an und bricht in schallendes Gelächter aus. Hammer. Sie lacht sich förmlich kaputt über die Situation und wahrscheinlich auch über meinen ziemlich dämlichen Gesichtsausdruck und meiner in den Knien hängenden Hose. Eigentlich ja alles gar nicht schlimm, aber bei mir ist immer noch die Unsicherheit eines Verliebten im Kopf, der noch nicht mit seiner Angebeteten geschlafen hat. Was daraufhin passiert, ist ganz einfach: nichts. Hängen im Schacht. Hinnerk wurde jäh aus seinem Jetzt-geht's-endlich-zur-Sache-Programm geworfen und sein toller bester Freund schaltet auf Rückzug. Und dabei bleibt es auch an diesem Abend. Wir schlafen leicht rauschig ein und haben zumindest die Gewissheit: Jetzt sind wir ein Paar. Man kann ja schließlich auch ein Paar sein, ohne bereits Sex gehabt zu haben. Am nächsten Morgen kommt es irgendwie auch nicht dazu, aber trotzdem ist die Lage gut. Agatha ist gut gelaunt, ich auch, wir küssen uns, haben uns schlicht lieb. Wobei es bei mir schon langsam anfängt zu nagen. Wir Männer sind so. Wir haben ehrlicherweise einen gewissen Druck, unsere Männlichkeit in Sachen Sex unter Beweis zu stellen. Wann ist ein Mann ein Mann, fragt Grönemeyer. Da gibt es tausend Antworten, aber letztendlich muss untenrum erst mal alles klar sein, um auf anderen Ebenen männlich sein zu können.

In den nächsten Wochen entwickelt sich unsere Beziehung prächtig, außer im Bett. Oft, wenn ich bei ihr schlafe, nehmen wir einen neuen Anlauf. Es klappt auch mit der Erregung, aber recht zügig nach der Vereinigung macht der Kollege da unten einen auf *hang loose*. Was für ein Mist. Je mehr ich mich anstrenge, desto härter wird's. Oder besser gesagt, eben gerade nicht. Auch für Agatha ist es nicht so leicht, mit der Situation umzugehen. Ich merke, wie sehr sie mich liebt, wie sehr sie sich danach sehnt, mit mir zu schlafen, aber sie weiß auch nicht genau, was sie machen soll. Dazu kommt natürlich, dass ich mir als Mann logischerweise immer mehr Gedanken mache, mir immer blöder vorkomme und mich immer unsicherer fühle, je länger dieser Zustand anhält, und kaum drüber reden kann. Sie als Frau fängt schon an zu überlegen, ob es an ihr liegen könnte. Außerdem kommt dann logischerweise auch mal ein ungeduldiges „jetzt mach doch einfach mal". Leider nicht besonders hilfreich, so eine Ansage.

An einem Abend versuchen wir es mit Alkohol. Fast hätte es geklappt, nach einigen Sake beim Chinesen und Fürst Bismarck (wir hatten nichts anderes zu Hause), sind wir nackt und vergessen einfach über unsere Problematik nachzudenken. Irgendetwas passiert, etwas unbeholfen, aber immerhin schon etwas länger, bis dann wieder die Gedanken kommen und die Luft raus ist. Das ist schon Wahnsinn.

Um mal in den Kopf eines Mannes einzudringen: Du findest diese Frau total sexy und erotisch, riechen, schmecken, alles passt. Aber du bist in dieser Gedankenspirale gefangen. Wenn du vor der Erektion drüber nachdenkst, dass du jetzt aber bitte mal eine Erektion haben müsstest, dann passiert schon mal gleich gar nix. Wenn du vergessen hast, nachzudenken (soll Männern passieren), und deine Erektion ganz natürlich einfach so passiert, dann fängst du plötzlich an zu denken: „Hoffentlich hält das jetzt" – und schon stimmt der Begriff Weichteile wieder. Oder wenn du endlich tatsächlich Verkehr hast und dich über die großartige Stimulation freust, dann fängst du beim Stellungswechsel wieder an nachzudenken: „Bleibt er jetzt auch weiterhin hart?" Ups ... schon vorbei. Dazu kommen andere Gedanken verstärkend hinzu: Erzählt sie das eigentlich rum? Die muss doch denken, ich bin ein Totalversager? Werde ich je wieder Sex haben können, falls das mit uns nicht hinhaut und sie Schluss macht?

Es kreist einfach nur noch im Kopf und das Thema wird im Grunde immer bestimmender. Vielleicht bin ich ein Sonderfall, glaube ich aber nicht. Da kann mir jeder erzählen, Sex sei nicht alles. Stimmt schon, aber trotzdem muss der Kollege da unten funktionieren, sonst fühlt sich Mann nicht glücklich. Und wenn es dann mal nicht klappt, dann ist es einfach nicht ganz leicht für uns, mit dieser gefühlten Niederlage umzugehen. Aus der Distanz mag man darüber ganz anders urteilen. „Redet einfach miteinander" – das ist leicht gesagt, aber wenn man selbst betroffen ist, sieht die Sache leider ganz anders aus. Da stockt es irgendwie mit dem Reden. Auch deinen Freunden kannst du dich nicht so richtig anvertrauen. Wir kennen doch unser Gerede: Wenn wir uns gegenseitig Geschichten erzählen, sind wir selbstverständlich die Größten und schaffen es immer, eine Frau glücklich zu machen. Das ist ja wohl selbstverständlich.

Eines Tages hatte ich einen grandiosen Einfall. Mangelndes Selbstvertrauen kann man kompensieren, indem man sich verlässliche Hilfe holt. Und da gibt es doch diese Wunderpille namens Viagra. Damit muss es doch klappen! Nicht ganz so leicht ist die Beschaffung. Viagra gibt's nämlich nur auf Rezept, und ich hatte jetzt keine große Lust, zum Urologen zu gehen und um verschreibungspflichtige Stehhilfe zu bitten. Irgendwie habe ich mir dann über einen Freund, so mit Augenzwinkern („mal ausprobieren und den Turbo anschmeißen, hahaha!"), drei Tabletten besorgt. Völlig unbedarft nehme ich also so ein Ding mit zu Agatha. Sie ist im Bad, ich hatte vorher schon geduscht und liege im Bett. Man muss den richtigen Zeitpunkt abwarten, damit das nicht verpufft. Ich hatte was von fünfzehn Minuten vorm Verkehr gehört, also heimlich rein damit. Agatha habe ich davon natürlich nichts erzählt. Ich wollte meinen kleinen Freund auferstehen lassen wie Phönix aus der Asche und so tun, als würde ab jetzt alles normal laufen.

Ich liege also etwas nervös im Bett und bete innerlich, dass da jetzt was passiert. Tut es aber nicht. Keine Reaktion.

Blöd, wie ich war, denke ich tatsächlich, das passiert einfach so, ohne etwas tun zu müssen. Und wie ich so vergeblich darauf warte, dass sich was regt, kommt Agatha ins Schlafzimmer. „Was hast Du denn für einen roten Kopf?", fragt sie. „Ich? Keine Ahnung, ich merke nichts, habe nichts gemacht." „Na gut sagt sie, lass uns schlafen, ich bin total kaputt von der Arbeit." So also funktioniert Viagra: Bei mir gar nicht, mit Ausnahme eines roten Kopfes. Nebenwirkung Bluthochdruck eben. Unnötig zu erwähnen, dass ich wegen meines klopfenden Herzens in dieser Nacht kaum zum Schlafen kam. Großartig.

Jetzt aber Gott sei Dank die gute Nachricht: Es hat dann doch geklappt. Nicht mit Viagra, dafür mit Leipzig.

Mein alter Freund Melzer stammt aus Leipzig und hatte uns Jungs mal auf eine Motorradtour dorthin geführt. Eine schöne Stadt, die ich Agatha gerne zeigen wollte. Irgendwie hatte ich außerdem im Kopf, es könne sexuell vielleicht besser klappen, wenn wir mal woanders sind.

Ich weiß es noch ganz genau: Wir hatten ein Zimmer im knapp einhundert Meter hohen Westin. Einchecken, mit dem Fahrstuhl nach oben. Im Zimmer angekommen, stellen wir fest, dass außen an unserem Fenster ein Gerüst befestigt ist. In dem Moment guckt auch schon ein Arbeiter rein und winkt. Aus dieser irgendwie lustigen Situation heraus landen wir mit zugezogenen Vorhängen auf dem Bett und fangen an, uns zu küssen. Es regt sich was bei mir, sie wird fordernd, ihr Körper schreit förmlich danach, sich mir hinzugeben. Und tatsächlich: Wir vereinen uns, als wäre es das Normalste der Welt. Wir haben Sex, wir wechseln die Stellung, wir küssen und lieben uns, die Zeit vergeht im Rausch und wir landen beide auf dem Höhepunkt. Erlösung ist wahrscheinlich das richtige Wort. Es ist passiert, es hat komplett geklappt. Ich bin glücklich, Agatha ist glücklich, wir sind endlich auf dem richtigen Weg. Es wird ein Wochenende in Leipzig voller schöner Erlebnisse in Bars, Restaurants und Sehenswürdigkeiten, voller Leidenschaft – und Sex. Ein Wochenende, das mich geheilt hat. Nie wieder hatten wir irgendwelche Schwierigkeiten. Zumindest nicht sexuell.

Die Frage ist jetzt ganz allgemein, falls Mann mal in so eine Situation gerät, wie kriegt er es hin, sich daraus zu befreien? Die Lösung ist eigentlich ganz einfach. Er muss erst mal wissen, dass so etwas eben passieren kann und den meisten Männern auch passieren wird. Irgendwann im Leben hast du einfach mal einen Hänger, auf den du natürlich nicht stolz bist, sondern der dich verunsichert. Niemand ist schuld daran, weder die Frau noch der Mann. Komplett runtergebrochen, ist es nur Kopfsache. Es kann zwar mal passieren, dass man zu betrunken ist. Aber ich meine diesen anderen Fall, wo sich aus unbegreiflichen Gründen eben nix nach oben bewegt. In den seltensten Fällen ist es körperlich. Bedeutet: Sowie du anfängst, dir Gedanken zu machen, kann es schwierig werden. Zumindest wenn diese Gedanken dein Selbstbewusstsein stören.

Also, erkenne den Feind in deinem Kopf. Außerdem sollte die Frau dir helfen und nicht fordernd sein. „Jetzt gib dir mal Mühe" wäre so ziemlich das Falscheste, was ein Mann zu hören bekommen sollte in diesem Moment. Um den Weg raus aus dieser männlichen Gedankenspirale zu finden, braucht es Mut, und zwar Mut, das Thema gemeinsam anzusprechen. Lacht gemeinsam über diesen Idioten da unten, der nicht so richtig funktioniert. Nehmt ihm die Wichtigkeit. Überlegt gemeinsam, ob ihr es mit Viagra, Cialis und Co. versuchen wollt. Die wirken nämlich tatsächlich, allerdings nicht von allein, dazu muss schon eine sexuelle Erregung (man darf es auch Vorspiel nennen) vorhanden sein. Es kann für die Psyche des Mannes hilfreich sein, wenn er weiß, die Tablette unterstützt ihn ein bisschen. Schon ändert sich das Gedankenmuster. Weg von „bitte nicht ..." zu „damit wird's schon klappen". Wichtig ist, diese Angst vorm Härteverlust aus dem Kopf zu kriegen. Die Tablette kann helfen, aber es geht auch ohne. Und zwar einfach dadurch, dass man sich mit der Partnerin einig ist und darüber spricht, dass es jetzt kein Problem ist, wenn er mal schlappmacht.

Der Dämon im Kopf muss abgelöst werden durch Genuss und Spaß am Sex. Eine gute Idee kann auch ein Ortswechsel sein. Einfach mal woanders hin, den Akt anders zelebrieren, sich fallen lassen. Weg von dem Ort, wo das Gedankenkarussell ein Zuhause hat. Der Sexualtherapeut aus eigener Erfahrung, Dr. Baumgarten, empfiehlt Leipzig ... Das Schöne ist ja, wenn man es erst mal wieder geschafft hat, dann ist das Thema auch durch und einem erfüllten Sexleben steht nichts mehr im Wege. Kleiner Hinweis noch an alle Frauen: Männer brauchen Lob. Hört sich doof an, aber wir sind nun mal in vielen Dingen einfach gestrickt. Wie heißt es in einem alten indischen Sprichwort: Sag deinem Mann, dass er ein guter Liebhaber ist, und er wird es werden.

Und wie ging das mit Agatha weiter? Turbulent. Nach einer großartigen Phase mit gemeinsamer Wohnung in Hannover wechselte ich zum NDR nach Hamburg, sie war da inzwischen jobmäßig im Büro des Ministerpräsidenten angekommen. Jetzt weiß man natürlich, dass dieser Ministerpräsident dann Bundespräsident wurde. Kurz davor ruft mich Agatha an, während ich gerade mit dem NDR im Harz bin. „Christian hat mich gefragt, ob ich mit ihm nach Berlin gehen würde, was soll ich machen?" Ich bin immer noch der Meinung, dass man so eine Chance nutzen sollte. Eine Erfahrung, die einem im Leben nicht mehr genommen werden kann, die Agatha auch möglicherweise neue Türen öffnen würde. Aber trotzdem war mein Rat wahrscheinlich der Anfang unseres Endes. Er wurde gewählt und sie ging mit. Ich erinnere mich noch an diese legendäre Party oberhalb vom Gendarmenmarkt am Anfang. Natürlich haben wir dann auch diesen vermeintlichen und aufgebauschten Skandal um Wulff miterlebt, Agatha jeden Tag hautnah.

Aber durch die verschiedenen Lebensmittelpunkte, die deswegen keine mehr waren, geriet unsere Beziehung in Schieflage. Hannover, Berlin und Hamburg, arbeiten am Wochenende, auf Dauer konnte das nicht gut gehen. Die Gefühle füreinander waren allerdings immer sehr intensiv und so versuchten wir, an einer gemeinsamen Zukunft festzuhalten, die aber mehr und mehr bröckelte. Ich weiß noch, wie wir nach einem emotionalen und bewegenden Wochenende in Hannover wieder jeweils zu unseren Arbeitsstädten fuhren. Noch Tage später war ich aufgewühlt und am Mittwoch fasste ich spätabends den Entschluss, dass sich etwas ändern müsse. In Ermangelung eines anderen Schmuckstücks bastelte ich aus Draht eine Art Ring, stand am nächsten Morgen um 4 Uhr auf und nahm den ersten Zug von Hamburg nach Berlin. Da angekommen kaufte ich noch Blumen, begab mich an diesem feuchtkalten Morgen im Taxi zum Bundespräsidialamt. Da stand er nun und wartete eine gefühlte Ewigkeit, dass Agatha zur Arbeit kam. Kurz bevor mich die Wachmänner unter die Lupe nehmen wollten, bog sie in ihrer grauen A-Klasse um die Ecke. Das Gesicht von ihr, als sie mich durch die Beifahrerscheibe sieht, werde ich nie vergessen. Eine Mischung aus Ungläubigkeit, Überraschung und einem Was-ist-denn-jetzt-los?-Ausdruck. Sie parkt am Straßenrand vor der Einfahrt mit dem Wachhäuschen und wir stehen uns gegenüber. In etwas umständlicheren Worten bringe ich sinngemäß „willst du mich heiraten" hervor ...

Mittlerweile ist Agatha sehr glücklich verheiratet, sie hatte neben der Arbeit noch studiert und nach der Wulff-Zeit einen komplett anderen Job in Frankfurt angefangen. Drei Kinder machen das Glück der Familie perfekt. Tatsächlich bin ich sehr froh, dass sie ihr Glück gefunden hat. Wir hatten besondere, schöne Zeiten, wir hatten aber auch viel Schmerz. Letztendlich wird sie immer ein sehr wichtiger Mensch in meinem Leben bleiben.

Und wie endete das nun mit dem Antrag?

Vor einiger Zeit war die wunderbare Schauspielerin Elena Uhlig bei mir zu Gast auf dem Roten Sofa. In gut gelaunter Stimmung sprachen wir dann auch über ihre Beziehung mit Fritz Karl. Die beiden sind ein glückliches, aber unverheiratetes Paar. Sie erzählte, wie nervig sie es finde, wenn Freunde fragen, wann sie denn endlich mal heiraten würden. Plötzlich schwenkt sie um und sagte grinsend: „Sag mal, du bist doch auch schon über 50, warum bist du eigentlich noch nicht verheiratet?" „Keine Ahnung", sagte ich, „aber immerhin habe ich schon mal nen Antrag gemacht!" „Und, was hat sie gesagt?" „Auf ihre Antwort warte ich bis heute."

Aber es war ja nicht mein letzter Antrag. Und auch nicht mein vorletzter ...

Was bist du bereit, für deine Liebe zu tun?

Teil 6: Wenn keine Antwort kommt

MAI – JULI 2019. Fast vier Wochen hörte ich von Joanna nichts mehr, vier Wochen lang keine Antwort auf meinen Heiratsantrag. Zumindest gedanklich begann ich, mich von ihr zu entfernen.

Es ist Himmelfahrt und ich fahre mit meinem Freund Aal in die Innenstadt von Hannover. An Vatertag geht hier traditionell ziemlich die Post ab. Konzert auf dem Rathausplatz, überall Bierbuden, gute Stimmung, aus den Kneipen tönt Musik, feierfreudige Menschen. Ja, Menschen und nicht nur Väter, sondern eben alle, die Bock haben zu feiern. Wir haben uns mit Silke und Martina verabredet, wollen einfach noch ein paar Gläser trinken. Aal und ich kommen vom Golf, so richtig fit bin ich zwar nicht mehr, aber ich mag Silke und ein bisschen feiern werde ich ja wohl hinkriegen ...

Wir treffen die beiden und haben gleich Spaß zusammen, quatschen, lachen, essen eine Bratwurst und hören der Band zu. Als sich der sogenannte Trammplatz langsam leert, beschließen wir zu Gosch in die Markthalle zu gehen. Hier versammeln sich alle bekannten Gesichter und die alkoholische Versorgung ist auch gesichert.

Nachdem wir vier uns den Weg durch Dutzende von weinseligen Freunden und Bekannten gebahnt haben, finden wir drinnen einen guten Platz an einem runden Stehtisch. Es ist laut, es ist fröhlich, immer steht eine Flasche Weißwein auf dem Tisch, Musik dröhnt aus den Lautsprechern. Wenn man keine Termine hat und leicht einen sitzen, dann ist das hier und heute gerade der Ort der Glückseligkeit. Silke ist schon etwas Besonderes, sie ist hübsch, wirklich nett, wir können uns gut unterhalten und in mir keimt schon länger das Gefühl auf, das sie mich etwas mehr als nur ein bisschen mag. Natürlich wissen alle in dieser Viererrunde, dass ich mit Joanna zusammen bin, oder vielmehr, dass es gerade eher kriselt, ich ihr aber noch sehr nachhänge. Darüber sprechen wir aber heute nicht, stattdessen verkünde ich mit einem breiten Grinsen und leicht angesäuselter Stimme: „Ach wisst ihr, manchmal muss man es auch einfach mal laufen lassen. Und heute ist so ein Tag, ich lasse es laufen."

Allgemeine Zustimmung. Etwas später, es ist noch hell draußen, steht Silke auf, um auf die Toilette zu gehen, und ich, schließe mich an. Tatsächlich gab es schon den ganzen Nachmittag über immer mal wieder leichte Berührungen unter dem Tisch und wir haben uns auch in den Arm genommen. Was dann aber auf dem Weg zur Toilette passiert, ist wie ein Silvesterfeuerwerk. Wir küssen uns, wir umarmen uns, wir fassen uns an, als ob es kein Morgen gäbe und wir allein wären. Wir spüren beide, dass wir diesen Hunger aufeinander stillen müssen, etwas entlädt sich zwischen uns. Gott sei Dank fällt das in der allgemeinen Stimmung nicht besonders auf und nach einigen leidenschaftlichen Minuten trennen wir uns und verschwinden im jeweiligen Toilettenbereich. Aus sittenpolizeilicher Sicht wahrscheinlich in dem Moment auch besser so. Als wir uns danach am Tisch wiedertreffen, wirkt es, als hätten wir eben gerade abgemacht, es heute noch weiter laufen zu lassen, heute ist unser Abend.

Nein, wir lassen es auch nach dem Gosch nicht langsam angehen. Wir geben Vollgas und landen in meiner Wohnung. Wobei, den ersten Sex haben wir schon im Fahrstuhl. Oben dann geben wir jegliche Zurückhaltung auf: Sex, Leidenschaft, aber auch Unbeschwertheit. Ich bin überrascht, wie Silke so drauf ist, ihre Schüchternheit legt sie im Bett vollkommen ab. Anschließend müssen wir beide lachen, wir sind beide begeistert, wie gut es mit uns gepasst hat, und ich merke, dass ich Silke auch etwas mehr als nur ein bisschen mag. Als ich sie spät in der Nacht dann wegen ihrer Kinder nach Hause gefahren habe, fühle ich plötzlich wieder Kraft in mir aufsteigen. Mein Taubheitsgefühl und mein Unglücklich-Sein wegen der Situation mit Joanna lösen sich auf, ich fühle, mein Leben ist nicht nur von einem Menschen abhängig. Mir kommen alte Weisheiten in den Sinn wie: *„Wenn eine Tür zugeht, geht eine andere auf"* oder *„Es gibt noch andere Mütter mit hübschen Töchtern", „Nach Regen folgt Sonnenschein".* Alles flache Sprüche, aber eben dann doch mit einem großen Kern Wahrheit. Als Jugendlicher hat jeder über sowas gelacht, mit 50 bringt man sie dann selber. Weil man mittlerweile genau diese Erfahrungen gemacht hat.

Als ich am nächsten Morgen aufwache, denke ich mit einer gewissen Gelassenheit an Joanna. Hey Hinnerk, bist du jetzt eigentlich nicht irgendwie auch neu verliebt? Ich denke drüber nach, ob das mit Silke nicht auch ideal passen würde. Wäre dein Leben nicht auf einmal viel einfacher? Vielleicht, aber trotzdem ist da noch was. So ganz kann ich mich nicht gegen meine Gefühle für Joanna wehren. Und ich muss das Silke sagen.

Das mache ich auch an einem der nächsten Tage. „Ich kann dir nichts garantieren, ich bin mit meinen Gefühlen immer noch bei jemand anderen verhaftet", sage ich ihr im Auto. Sie nimmt es relativ cool auf, sagt, ich solle mir Zeit lassen, es sei ihr bloß wichtig, dass ich ehrlich sei.

In den nächsten Tagen kommen wir uns immer näher, lieben uns an allen möglichen Orten, gehen abends zusammen aus. In der Gegenwart von Freunden tue ich mich allerdings schwer, zu ihr zu stehen. Nach außen hin wahre ich eine gewisse Distanz. Nicht unbedingt die feine Art, aber so ist nun mal die Situation, ich kann nicht über meinen Schatten springen.

Und Joanna? Komischerweise kommt plötzlich was. Ein paar WhatsApp-Nachrichten, ein paar Fotos, nichts allerdings, worauf ich irgendwelche Hoffnungen begründen könnte. In einer längeren Message versucht sie mir sogar zu erklären, warum es mit uns eigentlich keinen Sinn habe und wie ich mich entwickeln müsse, damit es überhaupt noch eine kleine Chance geben könnte. Sie will mir wieder mal sagen, wie ich mich zu verhalten habe. Sowas mag kein Mann und dementsprechend fühle ich mich bevormundet und zeige ihr die kalte Schulter.

Als ich für ein paar Tage an die Ostsee fahre, will mich Silke am Wochenende besuchen. Vor Kathrin, Hanjo, Marc und Uli verheimliche ich das. Und so verlasse ich am Samstagabend unter einem Vorwand unseren kleinen Strandumtrunk, um Silke an meiner Wohnung in Empfang zu nehmen. Es wird ein richtig schöner Abend. Ein Abend mit Spaß und Leidenschaft. In meinem Hinterkopf nagt allerdings der Gedanke, dass ich jemanden hintergehe. Vielleicht sogar mich selbst. Jedenfalls schlendern wir nicht händchenhaltend als Paar durch Timmendorf, sondern belassen es in der Buddelbar bei eher zufälligen Berührungen, zumindest solange wir beobachtet werden könnten.

Am nächsten Morgen rufen Strand und Meer. Mit Badesachen und bester Laune fahren wir mit den Rädern Richtung Surferstrand am westlichen Ende von Timmendorf. Kaum liegen wir in der Sonne, klingelt mein Handy. Hanjo ist dran. „Wir wollen alle gleich mit Ulis Boot rausfahren. Beeil dich, in einer halben Stunde geht's los!" Wie komme ich da jetzt raus? Gar nicht. Das wäre nämlich verdächtig. „Du, heute Morgen ist zufällig eine gute Freundin von mir aus Hannover gekommen, die ist nett, wir würden zu zweit mitkommen", versuche ich locker zu klingen. Kein Problem, aber bitte Beeilung, heißt es nur.

Okay, meinen Freunden gegenüber ist tatsächlich alles kein Problem. Problematisch ist es nur wegen Kathrin, weil die schließlich eng mit Joanna befreundet ist. Und Kathrin weiß natürlich auch von dem Antrag. Wie sähe es denn aus, wenn ich hier mit einer Neuen auftauchen würde? Deswegen muss das Ganze als „Freundin aus Hannover" laufen. Ich fühle mich total beschissen dabei. Gegenüber Silke und gegenüber meinen Gefühlen für Joanna. Silke, die zu verstehen scheint, dass ich sie noch nicht als Nachfolgerin präsentieren möchte, spielt das Spiel mit. Über meine krude Lüge, dass ich sie und uns damit schützen wolle, sieht sie großzügig hinweg.

Die „gute Freundin" und ich besteigen also eine halbe Stunde später das Boot und sofort sind alle bester Laune: Die Jungs, weil sie sich für Silke begeistern, und Kathrin, weil sie überhaupt keine Probleme sieht und diese Freundin einfach richtig nett findet. Wir springen ins Wasser, unterhalten uns, haben natürlich auch ein bisschen Wein an Bord, es werden einfach großartige Stunden. Nach einem gemeinsamen Absacker im Garten verabschieden Silke und ich uns in meine kleine Wohnung. Wir wollen uns noch ein bisschen „ausruhen". Danach fahren wir getrennt nach Hause, Silke nach Hannover, ich nach Hamburg. Am nächsten Tag will Silke mit ihren Kindern für zwei Wochen nach Mallorca fliegen.

Genau in dieser Zeit überschlagen sich – wie könnte es anders sein – die Ereignisse. Joanna scheint etwas zu spüren. An einem Tag schreibt sie mir, und als ich nicht sofort reagiere, ruft sie an. Da ich aber im Studio bei NDR2 moderiere, kann ich nicht rangehen. Sofort schickt sie eine fast schon panische Nachricht, warum ich nicht antworten würde. Ehrlicherweise meldet sich bei mir so etwas wie Befriedigung darüber. Jetzt sieht sie, wie es mir oft mit ihr ergangen ist. Aber es kommt noch etwas bei mir wieder zum Vorschein. Das tiefe Gefühl in mir. Liebe lässt sich eben nicht kontrollieren. Wer liebt, muss damit rechnen zu leiden, weil zur Liebe Offenheit gehört, und diese Offenheit kann uns verletzlich machen. Ich habe gelitten, aber trotzdem liebe ich noch. Das ist das Gefühl, das in mir hochkommt.

Die nächsten Tage telefonieren Joanna und ich häufiger, allerdings immer noch mit einer gewissen Distanz. Dann erzählt sie mir, dass sie am Wochenende nach Timmendorf fahren würde, um Kathrin und Hanjo zu besuchen, und danach weiter nach München zu ihrer Freundin Helena. Ob wir uns vielleicht sehen wollen?

„Na logisch!", will ich rufen, halte mich aber zurück und sage, ich hätte ein Golfwochenende mit meinen Jungs mit geplant, würde aber schauen, was sich machen lässt.

Es ist Mitte Juli und in der Nähe von Schwerin finden die Winston Senior Open statt, ein Turnier der European Senior Tour, bei dem diesmal unter anderem der großartige Bernhard Langer mit am Start ist. Mit den Jungs war geplant: Freitag Anreise, noch schnell den Kurzplatz von Winston spielen,

Wohnungen beziehen und essen gehen. Am nächsten Morgen ist geplant, auf dem Links-Course zu spielen, während das Profiturnier auf dem Open-Course stattfindet, da wollten wir dann nachmittags zuschauen. Sonntag auch wieder spielen und zugucken. Ist auch genauso alles passiert. Nur dass ich eben schon am Samstag abreise. „Wisst ihr, Silke ist echt klasse, aber Joanna liebe ich eben noch", ist in Kurzform meine Erklärung, als ich mich am späten Nachmittag nach Timmendorf aufmache.

Es ist am Abend ein schönes, aber anfangs auch von Unsicherheit geprägtes Wiedersehen mit Joanna. Wir sind nicht allein, sondern im Haus bei Hanjo und Kathrin. Joanna übernachtet unten im Gästezimmer. Ihr anzubieten, in meine Wohnung zu wechseln, ist noch zu früh. Ich ziehe mich bei ihr im Gästezimmer fürs Abendessen um. Als ich dafür mein Hemd aufbügeln will, verbrenne ich mich am Bügeleisen. Die Narbe davon am Unterarm wird mich immer an diesen Tag erinnern. Vor allem daran, dass dann doch alles gut geworden ist.

Wir waren alle zusammen essen und saßen hinterher noch im Wintergarten mit Blick auf die Promenade und tranken Wein. Ohne groß darüber zu reden, gelingt es mir, im Haus zu bleiben. Allerdings hat es Joanna auch ein wenig in diese Richtung mitgelenkt. Wir schlafen in den getrennt stehenden Betten unten im Gästezimmer. Alles wirkt vertraut, alles wirkt richtig, alles scheint so, als wenn wir immer noch oder wieder ein Paar wären, und doch sind wir es in diesem Moment nicht.

Erst später in der Nacht, als wir unter eine Decke kriechen, werden wir wieder ein Paar.

Und Silke? Sie wollte Ehrlichkeit und diese ist oft hart. Für denjenigen, der die Wahrheit aussprechen muss, und noch mal umso härter für diejenige, die die Leidtragende dieser Ehrlichkeit ist. Ich sage es ihr am Telefon, als sie noch auf Mallorca ist. Zur Wahrheit gehört dazu, dass sie sich schon auf ihre Rückkehr nach Hannover und vor allem auf mich gefreut hatte, insofern waren ihre letzten Urlaubstage ziemlich versaut.

Inzwischen hat Silke eine andere Liebe gefunden, jemanden, mit dem sie glücklich ist. Es wäre albern und gönnerhaft von mir, zu sagen, dass mich das für sie freuen würde. Aber es ist alles gut so.

Joannas und meine wilde Fahrt durchs Leben geht weiter, wilder, als wir 2019 noch gedacht hätten. Übrigens steht zu dieser Zeit die Antwort auf meinen Antrag noch aus, aber das ist im Moment auch nicht so wichtig, finde ich zumindest. Sie allerdings hat da etwas andere Vorstellungen.

Liebe mit Grenzen

SOMMER 2020. Ja, Corona und der Lockdown, eine Art Idealzustand für eine Fernbeziehung. Mal ehrlich, wer rechnet damit, dass innerhalb der EU mal Grenzen geschlossen werden würden?

Bevor ich dieses nächste Abenteuer eines, man muss es dazu sagen, mehr als erwachsenen Mannes aufschreibe, muss ich vorerst ein paar Dinge klarstellen: Alles, was ich getan habe, war legal.

Ich habe mich komplett an die gesetzlichen Vorgaben gehalten. Ich habe in diesem neuen Gewerbe wirklich eine Möglichkeit gesehen, in Coronazeiten finanzielle Ausfälle zu kompensieren. Weiterhin habe ich mich immer testen lassen und bin zu keiner Zeit fahrlässig mit möglichen Ansteckungsgefahren umgegangen.

Das wäre also geklärt.

Neben vielen anderen Dingen hat Joanna und mich im Frühsommer 2020 natürlich auch der Lockdown beschäftigt. Ist ja kein Wunder bei immer noch zwei Wohnsitzen: Einer in Danzig, einer in Hamburg. Jetzt war da nämlich ziemlich unerwartet etwas dazwischen, eine Grenze, und zwar eine geschlossene. Kannte man gar nicht mehr. Unweigerlich stellt sich da dann die Frage: Was bist du bereit, für deine Liebe zu tun?

Möglicherweise hast du als Mann eine etwas, sagen wir, ruhigere Hand im Umgang mit solchen Krisensituationen. Du willst natürlich auch zeigen, dass du den Überblick hast und weißt, was zu tun ist. Im Grunde bin ich dieser Rolle gerecht geworden. In unseren doch sehr häufigen Video-Calls – danke WhatsApp und Facetime, ich liebe euch! – konnten wir unsere Kommunikation gut aufrechterhalten. Wir haben uns täglich mehrmals „geupdated" über unsere Lage und Stimmung und über die Situation im Allgemeinen. Aber es führte sogar weiter ... Um ganz offen zu sein: Da lief sogar was.

Cybersex, wenn man so will. Ein Paar hat nun mal gewisse Sehnsüchte, und wenn du genau weißt, wie dein Partner diese Sehnsüchte und körperlichen Bedürfnisse im Normalfall, also im persönlichen Kontakt, befriedigen würde, kann man schon mal auf Ideen kommen. Ich kann allen nur ein Stativ empfehlen. Nicht für irgendwelche Stabilisierungsgeschichten, nein, nur damit man da das Handy einklicken kann und die Hände frei hat. Ehrlich: Es kostet ein wenig Überwindung, sich auf dem Sofa liegend per Handy-Video zu präsentieren, aber es geht. Machen schließlich beide. Bisschen schummriges Licht, dann sieht es auch nicht ganz so schrecklich aus. Man muss sich fallen lassen. Sich trauen, einfach mal machen. Joanna natürlich auch. Beide machen parallel an sich rum und sollten sich mit entsprechend anspornenden Äußerungen dem anderen gegenüber nicht zurückhalten.

Ich schwöre: Das ist ein Ereignis, dass erstens hilft und zweitens zusammenschweißt. Wir haben ein Geheimnis (zumindest hatten wir das bis zu diesem Kapitel), wir haben da was gemacht, was man eigentlich nicht macht. Ist faszinierend und auch witzig. Übrigens sind nicht alle in meiner Familie so. Meinem Bruder, er in Dubai, seine Freundin in Johannesburg, hatte ich das mal empfohlen, aber er meinte, das sei nix für ihn. Schön, dass wir verschieden sind. Aber, liebe Über-Distanz-Liebenden, probiert das ruhig mal aus. Auch der Versuch kann Spaß machen.

Was ich aber eigentlich sagen will: Irgendwann hat das natürlich nicht mehr gereicht und Joanna wurde immer nervöser. Fairerweise muss ich eingestehen, dass ich gar keine Zeit hatte, nervös zu werden. Ich habe durchgehend arbeiten können, während der Lockdown in Polen Joannas komplettes Geschäft lahmgelegt hat. Ich verdiene also Geld und bin abgelenkt, sie kriegt keine Kohle und weiß langsam nicht mehr, wohin mit sich. Perspektive? Fehlanzeige. Kann man verstehen, dass sich da eine gewisse Unzufriedenheit breitmacht.

Ich überlege also, was ich tun kann. Wir müssen einen Weg finden, uns nach Monaten endlich mal wieder real zu sehen: Sich in den Arm nehmen, liebhaben, Vertrauen und Zuversicht geben, verbunden mit körperlicher Wärme. Kann mir keiner erzählen, dass Menschen das nicht brauchen, im Gegenteil. Ist auch gut so.

Irgendwie muss ich eine Idee finden, Joanna zu sehen, und wenn es nur für ein paar Stunden ist. Anfangs denke ich noch, man könne heimlich auf irgendwelchen Feldwegen über die Grenze kommen, oder wir treffen uns in einem Land, in das man sowohl von Deutschland also auch von Polen aus noch einreisen kann. Aber die Situation wird immer schwieriger und Ausnahmen gibt es fast keine mehr.

Eines Tages ist dann Frank Roselieb, Deutschlands obersten Krisenmanager (tatsächlich der, der die Kanzlerin in Sachen Lockdown berät) zu Gast auf dem Roten Sofa. Abseits der Kameras meint er, dass man mit einem Journalistenausweis eigentlich nach Polen reinkommen könne.

Okay, da ist sie ja, die Idee! Joanna ist begeistert und versucht, mir zusätzlich eine Einladung von TV-Gdansk zu besorgen. Ich suche Equipment zusammen: Stativ (da ist es wieder!), Mikrofon, Desinfektionsmittel, kleine Kamera. Ich finde, damit sehe ich für einen polnischen Grenzbeamten wie ein Vorzeigejournalist aus. Dazu noch der ultrawichtige Auftrag in Danzig, mehr geht nicht! Meine Vorfreude ist riesig, im Grunde kann nix schiefgehen. Als ich ein paar Tage frei habe, mache ich mich professionell ausgestattet von Hannover aus auf den Weg. Es ist ein schöner, sonniger Tag. Im Radio läuft Musik, alle 20 Minuten telefoniere ich mit Joanna, um meinen Standort auf der A2 durchzugeben. Und dann stehe ich nach gut drei Stunden an der Grenze in Frankfurt/Oder. Das ist eine innerstädtische Grenze, man überquert normalerweise einfach auf einer Brücke den Fluss und ist in Polen. Jetzt stehen dort allerdings Grenzsoldaten. Wow, habe ich Ewigkeiten in Europa nicht mehr gesehen. Es ist nichts los, aber gerade deswegen wirkt das Ganze leicht unwirklich. „Dzien dobre …", ein bisschen Polnisch kann nicht schaden,

denke ich. „Ich bin Journalist und muss nach Danzig, Herr Soldat."
„No!"
„What?"
„Borrder is klohst."
„But ..."
„No!"
„Wie, No?"
„No endrenz do boländ."
„What? Why?"
„Borrder is klohst."
Hallo?!, denke ich und zeige meine Einladung von TV Gdansk, meinen Journalistenausweis und mache ein wichtiges Gesicht.
„Can I talk to your boss?"
„Borrder is klohst!"
„Can I talk to your ..."
„No boss!"

So geht es noch eine ganze Weile in bestem Oxford-Englisch hin und her (übrigens sagt man mir inzwischen einen russischen Dialekt nach), aber es war einfach nichts zu machen.

„Törn!", herrscht mich schließlich mein polnischer Freund an und Herr Baumgarten darf sich ins Auto setzen und wenden. Der heißblütige Anfangfünfziger hat seine kalte Dusche bekommen.

Oh, Mann, das war auch für Joanna eine mega Enttäuschung. Sie war geschockt, traurig und vor allem sauer. From hero to zero, schließlich hatten uns schon so aufeinander gefreut, waren gefühlt nur noch einen Steinwurf voneinander entfernt, und dann knallt uns der Schlagbaum vor den Kopf.

Als ich auf dem Rückweg von meinem schönen Ausflug an einer Raststätte anhalte, fällt mir auf, dass da etliche deutsche Trucks stehen, die offensichtlich gerade aus Polen kommen und hier Pause machen. Quatsch die doch einfach mal an!, sag ich mir.

Tja, da brauchst du einen Lieferwagen, musst ordentlich als Fahrer angemeldet sein und natürlich die richtigen Frachtpapiere haben, dann darfst du im Rahmen des gewerblichen Güterverkehrs nach Polen ohne Quarantäne rein und auch wieder raus. So das Ergebnis meiner Recherchen. Habe ich leider alles nicht, schade.

Während der Rückfahrt denke ich da noch ein bisschen drüber nach und in mir reift peu a peu ein neuer Plan. Eine, wie ich natürlich finde, geniale Idee: Ich werde Trucker! Da trifft es sich gut, dass wir Freunde in Danzig haben, mit denen so etwas tatsächlich einen realen Hintergrund bekommt. Kasia ist Polin und Markus Deutscher. Sie hat gerade mit dem „True" ein modernes Restaurant an einem Hotspot in Danzig aufgemacht, und er hat eine Werft in Danzig. Genau das ist für meinem speziellen Fall sehr vielversprechend. Das Mutterhaus dieser Werft befindet sich nämlich in Lübeck. Na, schnackelt es?

In den folgenden Tagen besorge ich mir in Hannover ganz offiziell einen Gewerbeschein und damit die Berechtigung, Güter „zum Zwecke des Gewerbes gegen Entgelt" zu transportieren. Letztendlich kann das ja sogar eine Einnahmequelle sein, wenn wegen Corona Sendungen im NDR ausfallen. „Hinnerk Baumgarten Express Logistik" nenne ich meine Firma. Und jetzt die günstige Kombination: Markus, der mit der Werft, braucht dringend seine Sommerreifen für den Firmenwagen in Danzig. Die Reifen sind aber wegen des

Lockdown immer noch in Lübeck eingelagert. Und natürlich befindet sich in Lübeck auch ein Lieferwagen, der für solch einen Transport geeignet ist. Da ist er, mein erster Auftrag als Logistiker, und als solcher darf ich ja auch Zugmaschinen von Fremdfirmen bewegen. Ein Preis für meine Leistung ist schnell ausgehandelt, jetzt geht es nur noch darum, die richtigen Frachtpapiere zu besorgen. Das erledigt mein Auftraggeber in Polen mit sehr tatkräftiger Unterstützung aus meinem persönlichen Umfeld vor Ort. Ein kleiner Fehler dabei wird mich allerdings später noch sehr beschäftigen.

Nach einigen Tagen Vorbereitung und vielen zuversichtlich stimmenden Telefonaten und Video-Calls mit Joanna steht der Liefertermin: An einem Donnerstag will ich los, muss allerdings samstags schon wieder zurück, weil ich am Sonntag für „Bingo" im NDR moderieren soll. Das Logistikgewerbe in allen Ehren, aber meine Haupteinnahmequelle ist nun mal mein Job als Moderator, und was das angeht, bin ich immer zuverlässig, immer vorbereitet und immer motiviert. Man kann es auch so sagen: Das ist mir wichtig.

Leider passiert dann etwas, das unseren Wiedersehensplan erneut torpediert: Am Mittwoch verkündet Deutschland, dass die Grenzen zu Polen wegen Corona komplett dichtgemacht werden. Bedeutet: Bislang war es nur schwierig, nach Polen reinzukommen, jetzt wird es außerdem schwierig, auf dem Rückweg wieder nach Deutschland reinzukommen, ohne anschließend in Quarantäne zu müssen.

Plötzlich steht für mich einiges auf dem Spiel, denn Quarantäne würde bedeuten, nicht arbeiten zu können, und ohne Arbeit kein Geld!

Was soll ich machen? Schatz wieder absagen und für Verzweiflung sorgen? Wie groß ist mein Risiko, wenn ich fahre?

Inwieweit widerspricht das den Verordnungen und auch meinem eigenen Anspruch, niemanden zu gefährden? Ich gehe alles wieder und wieder durch. Was ich machen will, ist legal. Offizieller Auftrag, offizielles Logistikunternehmen. Außerdem gibt es zusätzlich noch eine 72-Stunden-Regelung für den Besuch seiner Familienangehörigen. Ich werde nervös, kaue auf den Fingernägeln. Joannas Mutter ist Ärztin und wir haben eine Freundin, deren Ex-Mann die größte Medizintest-Firma Polens besitzt. Es ist also gesichert, dass ich einen PCR Test machen kann, auch für meine Rückkehr habe ich schon einen Testtermin in Hamburg gebucht. Ich mach's!
Aber Schiss habe ich schon.

Ein gewisses Restrisiko sehe ich auch darin, dass ich bei einer eventuellen Grenzkontrolle durch deutsche Beamte bei der Rückkehr möglicherweise erkannt werden könnte. Ich bin mir einfach unsicher, ob die sich nicht von meinem Logistikauftrag verarscht fühlen könnten und ich zum Corona-Deppen des Jahres werden würde. Ich darf also nicht vergessen, ein Cap oder eine Mütze mitzunehmen. Außerdem trage ich wegen der schmutzigen Reifen Arbeitsklamotten und außerdem ... außerdem ist alles legal, Hinnerk! Mein Blutdruck steigt und, um ein fast vergessenes Wort zu bemühen, ich habe Muffensausen.

Donnerstag fahre ich los, hole die Reifen und den Lieferwagen in Lübeck ab, bei den Eltern von Markus lade ich noch zusätzlich Spargel und Kuchen ein. Und ab geht die wilde Fahrt. Als Grenzübergang habe ich mir Swinemünde ausgeguckt. Der ist so ein bisschen unter dem Radar, denke ich. Kurz vor der Grenze versuche ich noch beim Bundesgrenzschutz rauszufinden, wie intensiv die denn an der Grenze kontrollieren, wenn ich nach Deutschland zurückkehre. Die örtliche BGS-Zentrale ist aber leider geschlossen, nur ein Zettel mit Telefonnummer hängt da. Tatsächlich erreiche ich einen netten Beamten, der mir mehr oder weniger vertrauensvoll gesteht, dass sie eigentlich nicht so viel kontrollieren würden, höchstens stichprobenartig. Aha. Wenn ich also genau diese Stichprobe bei meiner Rückkehr bin, dann wäre das natürlich fantastisch. Aber eigentlich, ja eigentlich ist doch alles legal. Immer wieder sage ich mir das. Nur um die Frachtpapiere mache ich mir da noch keine Sorgen.

„Hinnerk Baumgarten Express Logistik" nähert sich im Lieferwagen der Grenze. Die Hauptstraße ist gesperrt, man wird über den alten Weg geführt, wo es noch das alte Grenzhaus gibt. Alles wirkt ziemlich improvisiert. Ich sehe einen Kleinbus der polnischen Grenzschützer und daneben werden die wenigen Autos kontrolliert. Vorher allerdings fahre ich noch an jemandem vorbei, der mit Infrarot meine Temperatur misst. Ich fürchte noch, dass ich bestimmt vor Aufregung einen heißen Kopf habe, da zeigt er mir schon die Anzeige: 35,4 Grad. Alles o.k.

Und dann höre ich das, was ich schon mal gehört habe: „Borrder is klohst …!"

Das sagt mir nämlich der Grenzschützer, nachdem ich ihm meine Papiere gegeben habe.

In seinem demonstrativ desinteressierten Gesichtsausdruck lese ich, dass er keine Lust hat, sich trotz meiner nochmaligen Aufforderung, mit meinen Frachtpapieren auseinanderzusetzen. Vielleicht hätte ich die statt auf Deutsch auch in Polnisch haben sollen. Jedenfalls ist hier Endstation. Finito, nix mit Einreise. Ich muss umdrehen, halte 100 Meter

weiter am Straßenrand und rufe Joanna an. Dabei erlebe ich, wie eine Frau beißen kann. Sie geht auf die Barrikaden. Ich solle mich nicht abwimmeln lassen! Nach dem Vorgesetzten fragen! SOFORT! Ich drehe also um, hole tief Luft und ...
„Borrder is klohst!" Und diesmal klingt es schon etwas genervter.

„I have all the documents, please ask your chief!"

Wider Erwarten macht er das tatsächlich per Telefon am Kleintransporter. Nach drei Minuten kriege ich wieder nur ein Kopfschütteln und ein diesmal sehr strenges, durch die Zähne gepresstes „BORRDER IS KLOHST!!!" Da ich keine Eskalation mit ihm und seinen bewaffneten Kollegen heraufbeschwören möchte, begebe ich mich lieber wieder in meine 100 Meter entfernte Lauerposition. Dabei entdecke ich ein polnisches Kontrollfahrzeug auf deutscher Seite und versuche es einfach. Der ausgesprochen nette Herr in Uniform rät mir, mich an eine übergeordnete Grenzstelle zu wenden. Eine Telefonnummer gibt er mir auch. In Ermangelung polnischer Sprachkenntnisse im Bereich Grenzübertritt leite ich die Telefonnummer an Joanna weiter. Während ich auf ihren Rückruf warte, bemerke ich im Gebüsch zwei vollbewaffnete Soldaten, die aus 50 Metern Entfernung meinen Wagen und mich zu observieren scheinen. Eine Situation zum Genießen, was läuft hier eigentlich, frage ich mich. Nach einem weiteren – vergeblichen – Versuch, mit den Grenzern zu sprechen, denen ich mich dafür zu Fuß nähere, nach weiteren Telefonaten mit Joanna und anderen Ratgebern, habe ich plötzlich eine sehr resolute Joanna am Ohr. Ich solle jetzt sofort wieder an den Grenzübergang fahren.

„Aber ..."

„DO IT!"
Ich habe keine Wahl. Langsam bewege ich mich auf den grimmigen Grenzbeamten zu. Und was macht mein Freund? Eine Hand am Telefon, in der anderen meine Papiere, nickt er nur kurz und winkt mich durch. Ich gebe Gas und bin drin.

Joanna hatte es offensichtlich mit einer gewissen Zähigkeit geschafft, den obersten Grenzschützer von ganz Polen ans Telefon zu bekommen und von der Wichtigkeit meiner Lieferung zu überzeugen. Ob der Mann bei diesem Gespräch Haltung angenommen hat, ist leider nicht überliefert, aber zumindest vorstellbar.

So schnell kann es gehen. Schatz, in wenigen Stunden halten wir uns nach Monaten wieder in den Armen!

Mein Gott, denke ich während der Fahrt, was ist das nur wieder für eine unwirkliche Situation gerade in deinem Leben? Du bist ziemlich weit weg von dem, was man sich so unter „gesettled" bei einem 50-Jährigen vorstellt. Ich beginne darüber nachzudenken, was das alles für Sachen sind, die ich mit Joanna erlebe. Erlebnisse, die mein Leben – nicht ganz unwillkommen – ziemlich unruhig gestalten.

Mir fällt dabei auch Robert ein, der Ex-Mann von ihr. Ich verstehe mich gut mit Robert und er hat Vertrauen zu mir. Er ist ein feiner Kerl, der aber offensichtlich dem Druck unterliegt, alles müsse absolut top sein oder eben gar nicht. Das Scheitern auf den Malediven hat ihm da sicher einen Knacks versetzt. Eine hammerharte Story, über die ich gleich noch mal nachdenken muss, schließlich bin ich mittlerweile komplett mit drin. Finanziell, aber vor allem auch emotional und als treibende Kraft in der juristischen Aufarbeitung. Was mir aber gerade mehr durch den Kopf geht ist, was Robert mal über Joanna gesagt hat: „Nothing is enough for Joanna ..."

Da könntest du als Mann natürlich schon mal an deine Grenzen kommen. Um es mal positiv auszudrücken, bei uns ist das so: Joanna hat ständig neue Ideen und ruht sich selten auf dem Erreichten aus. Es kommt auch schon mal vor, dass sich eine Meinung von ihr innerhalb kürzester Zeit dreht. Jetzt gehöre ich aber auch zu der Sorte von Männern, die es zufrieden macht, wenn ihre Frau glücklich ist. Bin ich folglich in einem Dilemma? Ich denke, es ist wichtig, aufmerksam zu bleiben und nicht zu vergessen, auch mal an sich zu denken. Schließlich sind es immer zwei Menschen, die eine Beziehung ausmachen, und es heißt nicht von ungefähr, nur wer sich selbst liebt, kann auch andere lieben. Da ist viel Wahres dran, und es bedeutet, man muss auch mal eigene Interessen in der Beziehung durchsetzen. Gilt auch für mich und ist ein Grund, warum die Fernbeziehung zumindest momentan nicht nur nachteilig für mich ist. In den Phasen, in denen ich allein bin, kann ich mich konzentriert um wichtige Dinge im Leben des Hinnerk B. kümmern.

Bei uns spielt noch etwas anderes eine „Rolle": das in Polen noch sehr viel traditionellere „Rollenverständnis" als in Deutschland. Ein Mann hat ein Mann zu sein, was auch bedeutet, er hat sich ums Finanzielle zu kümmern, während die Frau im Hintergrund die Fäden zieht. Das hat allerdings nichts mit Ungleichberechtigung zu tun, sondern bezieht sich mehr auf das selbstverständliche Beziehungsbild vieler polnischer Frauen.

Mein Beziehungsverständnis wiederum beruht auf Gegenseitigkeit. Beziehung ist ein Geben und Nehmen, und zwar zu gleichen Teilen. Es ist doch logisch, dass in einer Beziehung die Talente unterschiedlich verteilt sind. Es darf doch kein Problem sein, anzuerkennen, dass die Partnerin, wie in unserem Fall, geschäftlich mehr Sachverstand mitbringt und ich dafür, sagen wir, kreativer bin. Da brauche ich auch keine

Begriffe wie Emanzipation, da geht's doch nur darum, Stärken anzuerkennen und innerhalb der Beziehung intelligent zu nutzen.

In Sachen Beziehungsverständnis kommt mir eine Frage von Joanna in den Sinn, die sie mir mal am Anfang gestellt hat. Wir fahren damals über die Autobahn von Torun Richtung Danzig, als sie mich mit Tränen in den Augen anschaut und sagt: „Ich bin aus der Geschäftsführung von Scubaspa rausgekickt worden und stehe gerade vor dem Nichts. Liebst du mich trotzdem noch?" „Natürlich", sage ich sofort, „ich bin doch nicht wegen deiner Firma mit dir zusammen, sondern deinetwegen!"

Wie begann das eigentlich mit ihr und mir, im November 2014 in Griechenland? Seit vielen Jahren schon bin ich Mitglied beim Eagles Charity Golf Club. Die Eagles veranstalten Golfturniere, bei denen interessierte Golfer, Geschäftsleute oder Sponsoren gemeinsam mit „Eagles-Prominenten" spielen: Jan Josef Liefers, Kati Witt, Boris Becker, Michael Roll, Anke Huber, Ralf Möller und und und. Die Liste ist ellenlang und ich bin eben auch mit dabei. Dabei wird das Jahr über Geld für Wohltätigkeitsorganisationen gesammelt. Höhepunkt ist im November immer der Eagles Präsidenten Cup in warmen Gefilden mit großem Bühnenprogramm und zusätzlichen internationalen Celebrities. Anastacia, Liz Hurley, Andie McDowell, Samuel L. Jackson, Kevin Costner und viele andere waren schon dabei. Das Ganze ist eine aufwendige Veranstaltung mit etwa 500 Gästen, wo viel gefeiert, aber auch viel Golf gespielt wird. Alles bleibt dabei freundschaftlich und entspannt, weil es eben diesen gemeinsamen Nenner „Golf" gibt.

Nun also Griechenland, das wunderbare Luxusresort Costa Navarino auf der Peleponnes. Ist ziemlich chic hier, mit tollem

Spa-Bereich, unterschiedlichen Restaurants und Bars, einige Zimmer haben sogar einen eigenen kleinen Pool. In diesem Jahr ist mein Freund Ralf aus Mallorca mit dabei und wir nehmen uns vor, einfach viel Spaß mit netten Menschen zu haben. Im Laufe des ersten Tages trudeln die Teilnehmer aus den verschiedenen Regionen Deutschlands ein, es ist ein turbulentes Hallo und Sich-in-die-Arme-Nehmen. Abends sitzen Ralf und ich mit einer Gruppe von mehreren Leuten im Restaurant an einem Tisch, die Stimmung ist schon ziemlich ausgelassen, als sich zwei Frauen und ein Mann zu uns gesellen. Es sind Joanna, Hannah und ein Eagles-Mitglied, das offensichtlich ein wenig an dieser Joanna interessiert ist. Blicke werden getauscht, man prostet sich zu und es stellt sich heraus, dass Joanna Polin ist. „Dzien dobre, kochanie", kann ich glänzen. Logisch, das kriege ich nach den Jahren mit Agatha ja wohl noch hin. Es ist verrückt, aber Joanna und ich verstehen uns auf Anhieb, wir reden Englisch miteinander, sprechen über meine Erfahrungen mit Polen, lachen, freuen uns über unsere Gemeinsamkeiten. „Irgendwie mag ich die!", sage ich später zu Ralf.

Am nächsten Tag dann früh raus. Ich spiele nicht berauschend, aber es macht trotzdem Spaß. Tatsächlich beschäftige ich mich gedanklich schon mehr damit, wie ich den Kontakt mit der sympathischen und hübschen Polin vom Vorabend ausbauen kann.

Wir sehen uns schon nach dem Golf im Hotel an der Bar, lächeln uns zu, trinken eine Weinschorle und verabreden uns für den Abend. Beglückt stelle ich fest, dass sie offensichtlich auch ein wenig Interesse an mir hat. Ich spüre eine leichte Unsicherheit in mir, sind das etwa die Vorboten des Verliebtseins?

Joanna ist übrigens nicht nur aus Spaß hier, sondern weil sie beruflich noch etwas vorhat.

Sie hat mit ihrem Noch-Ehemann auf den Malediven ein Touristik-Business aufgebaut. Es klingt eigenwillig, mutig und vielleicht auch verrückt, aber die beiden haben dort zwei 50 Meter lange Yachten mit jeweils 30 Kabinen gebaut, auf denen sie mittlerweile luxuriöse Tauchurlaube mit Spa anbieten. Die Yachten heißen *Scubaspa Ying* und *Scubaspa Yang*. Hannah und ihr Mann, ein Eagles-Mitglied, waren im vergangenen Jahr zufällig zehn Tage auf einem der Schiffe, wo sich die beiden Frauen angefreundet haben. Hilfreich war da sicherlich, dass Hannah auch gebürtige Polin ist. Dabei ist die Idee entstanden, dass Joanna für die Charity-Auktion beim Präsidenten-Cup einen einwöchigen Aufenthalt auf der Yacht stiftet. Was soll ich sagen, Joanna steht am Abend auf der Bühne, stellt Schiffe und Reise vor und alle sind begeistert von ihrer offenen und natürlichen Art. Und natürlich von der Reise, die an diesem Abend für 30.000 Euro versteigert wird. Großartig. Entsprechend geht der Abend weiter, wir feiern, quatschen, trinken, als es plötzlich zu einem magischen Moment kommt.

Roland Kaiser betritt die Bühne, und wer jemals erlebt hat, wie „mittelalte" Menschen unter vorherigem Alkoholgenuss zu Roland Kaiser tanzen können, hat eine ungefähre Ahnung davon, was vor der Bühne abgeht. Und dann eben dieser kitschige, ganz und gar wunderbare Moment, als Joanna und ich zum ersten Mal gemeinsam tanzen. Klassisch, wie „mittelalte" Leute das eben tun. Meine rechte Hand zwischen Schulterblatt und Hüfte, meine linke Hand hält die ihre. Und welchen Song bringt Roland da? „Joanna, geboren um Liebe zu geben, verbotene Träume zu leben …"

Mehr geht nicht. Allerdings bleiben heute meine amourösen Ambitionen noch ein wenig auf der Strecke. Wir verabschieden uns spät ganz ordnungsgemäß ohne besondere Vorkommnisse, schade eigentlich.

Samstagmorgen wieder früh raus, wieder Golf, wieder mittelmäßig, wieder gedanklich mehr woanders.

Dann der Galaabend. Dunkelblauer Anzug, eng geschnitten, dazu schwarze Schuhe, weißes Hemd und ausnahmsweise mal Krawatte, stahlblau. Wir begegnen uns vorm Saaleingang am roten Teppich. Sie sieht umwerfend aus. Schulterfreies, langes Kleid, einfach mega. Wenn ich das anmerken darf, etwas zu starke Augenbetonung mit Kajal, aber das nur am Rande. Leider sitzen wir nicht am selben Tisch, und deswegen spüre ich eine leichte Unruhe in mir. Läuft es etwa doch nicht so wie erhofft? Wenn Gefühle anfangen mitzuspielen, bin ich nicht mehr ganz so locker wie sonst. Ralf macht schon Witze, benimmt sich allerdings dann bei einer anderen Dame, die er offensichtlich mehr als interessant findet, genauso dämlich wie ich.

Der Abend schleppt sich mit Reden und Showeinlagen so dahin, mit leicht stierem Blick beobachte ich, mit wem sich Joanna an ihrem Tisch so ausgiebig unterhält. Allerdings bemerke ich auch, dass sie immer wieder zu mir rüber sieht, und irgendwann fangen wir an, uns gegenseitig WhatsApp-Nachrichten zu schicken. Meine Laune steigt.

Endlich lockert sich der offizielle Teil des Abends: Winnie Appelt und seine Truppe fangen an, für ordentlich musikalische Power auf der Bühne zu sorgen. Schnell löst sich die Tischordnung auf, alle wandeln durch den Saal und ich natürlich zu Joanna. Mit Hannah und ihrem Mann Frank trinken wir an ihrem Tisch ein Glas Wein, lachen, sind fröhlich. Zufällige Berührungen lassen die Schmetterlinge im Bauch fliegen. Es liegt unausgesprochen in der Luft, dass wir den restlichen Abend gemeinsam feiern. Als sich nach Mitternacht der Partytross Richtung Hotelbar aufmacht, bleiben wir zusammen, es ist wie eine erste gemeinsame Entscheidung als Paar. Zumindest interpretiere ich das so in meinem hypersensiblen Zustand, in dem ich jede Äußerung und jede Bewegung wahrnehme. Nach einiger Zeit zerstreut sich die Menge. Viele sind inzwischen auf ihren Zimmern verschwunden. Wir natürlich nicht, wir sitzen immer noch an unserem Tisch, reden und trinken weiter. Ein Gin Tonic ist so gegen zwei Uhr der letzte Drink, der Absacker. Natürlich ist durch den Alkohol die Stimmung etwas enthemmter. Jedenfalls biete ich ihr wie selbstverständlich an, sie zu ihrem Zimmer zu begleiten. Man kann nie vorsichtig genug sein, dunkle Hotelwege bergen ein großes Gefahren- und Verkühlungspotenzial! Da ist der selbstlose Gentleman gefragt, der der Dame sein Sakko anbietet. Wir gelangen ohne größere Probleme und ohne Zärtlichkeiten zu ihrem Zimmer. Ich weiß nicht mehr genau, wie es dazu gekommen ist, aber wir beschließen, dass wir uns ihr Zimmer genauer ansehen, um es mit meinem zu vergleichen. Die Situation wird unbemerkt heißer, noch herrscht eine leichte Verlegenheit, nichts passiert. Als sie mir dann ihre Unordnung im Badezimmer zeigt, kann ich nicht anders: Ich stehe hinter ihr, umfasse ihren Körper und spüre, wie sie sich danach sehnt, mir ihren Körper entgegenstreckt. Ich drehe ihren Kopf zu meinem und wir fangen an, uns leidenschaftlich zu küssen. Es gibt kein Halten mehr, die Münder sind offen und wir verschmelzen miteinander. Meine Hände sind überall gleichzeitig, es ist ein Feuer, das wie eine Stichflamme brennt. Endlich, schreien unsere Körper und die Hormone überfluten alles, was stören könnte. Ich spüre förmlich, wie sie sich auch nicht mehr zurückhalten will. Ich hebe sie auf den Waschtisch und wir fangen an, uns unter

Küssen auszuziehen. Es ist nicht mehr zu stoppen. Es wird unser erster, immer in Erinnerung bleibender Sex. Auf dem Waschtisch in Costa Navarino.

Wenn du als Mann nach dem Sex neben einer Frau liegen bleiben möchtest, dann weißt du, da wird mehr draus.

Ich bleibe liegen, nicht vorm Waschtisch, sondern im Bett. Als ich am nächsten Morgen neben Joanna im Bett aufwache, bin ich in einer anderen Welt und glücklich. Wir schauen uns an, ihr Gesicht wirkt jetzt ohne Gala-Makeup so natürlich. Sie ist schön, riecht gut und alles wirkt sehr vertraut. Das wird Teil unseres Geheimnisses bleiben, diese ganz natürliche Vertrautheit, dass wir keinerlei Scheu voreinander haben.

Ja, so ging es los damals, in Griechenland. Seitdem haben wir nie aufgehört, uns zu lieben, trotz der Distanz, trotz vieler Schwierigkeiten und Enttäuschungen, die wir uns gegenseitig bereitet haben. Liebe und Leidenschaft waren immer da, genauso wie Nähe und Vertrautheit.

Bei diesen warmen Gedanken vergeht die Zeit im Auto als Neulogistiker natürlich schnell, aber eigentlich kann sie nicht schnell genug vergehen. Gerade erst bin ich durch Koszalin durch, jetzt sind es immer noch mehr als 200 Kilometer Landstraße, bis ich sie in den Arm nehmen kann. Als ich meinen Lieferwagen dann endlich ihrer Garage parke, steht sie schon vor der Tür und erwartet mich. Es ist, als wären wir nie durch Corona getrennt gewesen, es ist wie immer. Dieses Gefühl, bei jemandem zu Hause zu sein!

Ada freut sich auch mich zu sehen, endlich mal Abwechslung! Wir sind inzwischen sehr vertraut miteinander und ich spüre, das wird immer besser. Sie erzählt vom langweiligen Online-Unterricht, davon, dass sie ihre Freunde vermisst, sich aber gelegentlich doch im Viertel mit ihnen treffen kann. Die Regeln in Polen sind streng, teilweise zu dem Zeitpunkt sogar strenger als in Deutschland.

Am Freitag liefere ich meine Fracht an Markus aus. Vier Sommerreifen, wie bestellt, per Expresslieferung. Meine Papiere werden gestempelt und ich bekomme einen Karton mit wichtigen Teilen, die zurück nach Lübeck müssen.

Samstag ist es dann schon wieder soweit. Rückfahrt nach Deutschland, „Hinnerk Baumgarten Express Logistik" schläft nicht und muss schließlich rollen. Es tut weh, wieder fahren zu müssen, aber es war wichtig, sich gesehen zu haben. Für die Seele, fürs Gefühl, ganz einfach wichtig, um unsere Liebe zu leben. Ich merke, dass Joanna wieder Energie hat, um die nächste unsichere Zeit besser zu überstehen. Mir geht's gefühlsmäßig ebenso. Rein körperlich aber steckt mir die Fahrt inklusive Aufregung vom Donnerstag noch ein wenig in den Knochen, dazu wenig Schlaf und jetzt wieder knapp 800 Kilometer Rückfahrt im Lieferwagen. Sonntag muss ich schließlich bei „Bingo" vor der Kamera stehen. Ein bisschen Unsicherheit macht sich breit, was denn nachher an der Grenze zu Deutschland passieren wird.

Wie es sich für einen Trucker gehört, also mit Thermoskanne und ein paar von Mutti geschmierten Broten, geht's los.

Zweieinhalb Stunden Landstraße, dann noch anderthalb Stunden Autobahn und dann ein nervöses Telefonat, kurz bevor ich abbiege Richtung Swinemünde. Ich erinnere mich an den BGS-Beamten, der mir erzählt hat, sie würden nur stichprobenartig kontrollieren. Rauf auf die Fähre, jetzt gibt's kein Zurück mehr, danach kommt gleich der kleine Grenzübergang, der vor zwei Tagen nur in Richtung Polen von Grenzschützern besetzt war, soweit ich mich erinnere. Hoffentlich ist das heute auch so, wobei: Hinnerk, beruhig dich ... rufe ich mir ins Gedächtnis, alles ist legal! Du hast ordentliche Papiere und baust gerade ein florierendes Logistikunternehmen auf. Ich fahre also auf die Grenze zu, das Cap tief ins Gesicht gezogen. Noch 100 Meter, umzudrehen wäre jetzt zu verdächtig. Niemand zu sehen. Ich rolle mit entspannten 30 Stundenkilometern über den Grenzübergang, passiere die polnischen Grenzschützer, die in der Gegenrichtung kontrollieren, und plötzlich bin ich schon in Deutschland. Keine Kontrolle weit und breit. Mir fällt ein Stein vom Herzen. Hinnerk, du hast es geschafft!

... Mein Jürgen

Teil 2: Bei diesem Vater muss Mathilda stark sein

Erinnern wird sich Mathilda auf jeden Fall an die vielen Urlaube, die wir gemeinsam gemacht haben. Ostsee, Mallorca, Fuerteventura, Südafrika oder die legendären Skiurlaube in Gargellen. Gargellen ist eine Institution. Wir fahren dort hin, seit sie sieben ist. In Niedersachsen gibt es nach den Halbjahreszeugnissen immer zwei Ferientage. Das bedeutet, Mittwoch Zeugnisse, Donnerstag bis Sonntag frei. Wir haben uns damals mit mehreren Vätern zusammengeschlossen und den Väter-Kinder-Skiurlaub ins Leben gerufen. Direkt nach den Zeugnissen geht es auf die Autobahn und dann recht zügig von Hannover nach Gargellen, möglichst ohne große Pausen. Einer von uns schaffte die Strecke mal in unter sechs Stunden. Warum jedes Team immer unbedingt zuerst ankommen will, ist unklar. Wahrscheinlich ist das so ein Männerding, dem dann auch die Kinder verfallen sind. Gargellen übrigens deswegen, weil einige Jungs und ich da in unseren 20ern herausragende Erlebnisse hatten. Außerdem ist Gargellen im Montafon ein gemütlicher kleiner Ort mit noch so richtig urigen Hütten, schneesicher, am Ende einer Bergstraße und gut übersichtlichen Pisten. Es kann also kein Kind verloren gehen.

Wenn nur Väter mit den Kindern verreisen, dann gibt es wenig Geschrei und weniger Diskussionen. Dafür gibt es klare Ansagen. Aber selbstverständlich haben wir uns immer um die Kids und deren Belange gekümmert.

Logischerweise sind in unserer Gruppe nicht alle Kinder gleich alt. Aber es war und ist großartig mitanzusehen, wie sich die Älteren um die Kleineren kümmern, wie alle an einem Strang ziehen und Bock haben, *gemeinsam* Vollgas geben. Vollgas war tatsächlich immer das Thema, zum Beispiel wenn wir alle von ganz oben nach unten geheizt sind, oder im Tiefschnee die Skier flogen. Aber natürlich auch Vollgas abseits der Piste. Meine Güte, was müssen die Kinder von uns gedacht haben. Jedes Mal, wenn wir am ersten Skitag am frühen Nachmittag in der Obwaldhütte aufgeschlagen sind, ging's rund. Seit etwa zehn Jahren treffen wir eine Gruppe Damen aus Düsseldorf, mit denen wir gemeinsam feiern. Und obwohl auch die Kinder gelegentlich etwas guckten – da ist nie was gelaufen. Jedenfalls wird es dann immer laut in der Obwaldhütte und die sonst eher beschauliche Stimmung weicht der Polonaise. Gäste, die eben noch ganz ruhig an ihrer Wurstplatte geknabbert haben, singen und tanzen plötzlich mit uns mit. Selbstverständlich unter Zuhilfenahme einiger Getränke. Als die Kinder noch klein waren, haben sie ihren Kakao getrunken und sind dann auch mal nach draußen zu einer Schneeballschlacht geflitzt, während wir gefeiert haben. Oder aber, die Kinder sind ohne uns ins Tal gefahren und haben sich dann im unbeheizten Hotelpool vergnügt. Motto war immer: Spaß haben, entspannt bleiben. Haben auch die Kids beherzigt.

Ehrlicherweise haben die Kinder dann natürlich auch mit uns angefangen, Alkohol kennenzulernen. Im vernünftigen Rahmen natürlich. Zumindest aus Männersicht. Los ging es mit Kinderpunsch und später fing es dann an, dass die Kleinen von den Größeren etwas probiert haben. Irgendwann kam

„Flying Hirsch" in Mode, aber mehr so mit leicht verzogenem Gesicht.

Mittlerweile sind die Kinder von uns keine Kinder mehr, sondern junge Erwachsene. Und alle wollen immer noch nach Gargellen, alle schwärmen von diesen Tagen und wollen die Tradition weiterführen. Bei der letzten Polonaise habe ich Mathilda mit Mia und Carlo ganz vorne in Erinnerung.

Wobei: Mathilda ist in Gargellen auch als Jürgen bekannt. Wenn wir laut in den Hang „Jürgen, Jürgen, Jürgen …!" brüllen und dann eine junge Frau mit rasantem Schwung und unter wildem Schneeaufwirbeln vor uns landet, sorgt das gelegentlich für erstaunte Gesichter bei anderen Skifahrern. Jürgen ist entstanden, als Mathilda mich als kleines Mädchen mal mit „Mama …?" ansprach, woraufhin ich spontan sagte: „Ja, äh, Jürgen, was gibt's?" Manchmal habe ich das Gefühl, sie mag ihren Spitznamen, jedenfalls geht sie lässig und mit Humor damit um. Mal sehen, wie ich meine Rede zu ihrer Hochzeit dann in einigen Jahren beginnen werde.

Zu Gargellen erzählt Jürgen, also Mathilda, gerne die Geschichte, wie sie mich morgens am Frühstückstisch im Hotel laut fragt: „Na, Papa, bist du gestern etwas angetrunken gewesen?" „Wie kommst du denn darauf?!" „Weil du beim Nachhausekommen überall im Zimmer angestoßen bist!"

Ich bin der festen Überzeugung, diese Urlaube haben unseren Kindern in ihrer Entwicklung echt gutgetan. Neben der Feierei haben sie Selbstständigkeit gelernt. Sie haben gelernt, sich umeinander in der Gruppe zu kümmern und sich gegenseitig zu helfen. Es wurde gemacht und nicht gejammert. Es würde mich nicht wundern, wenn die Kids die Gargellen-Tradition demnächst als eigene Truppe oder später als Mütter- oder Vätertour aufrechterhalten.

Wenn man getrennt ist und als zwar eingetragener, aber nicht erziehungsberechtigter Vater mit seiner Tochter verreist, dann muss man echt aufpassen. Die Gefahr besteht, dass sie dir an irgendeiner Grenze das Kind wegnehmen und dich zurückschicken. Ich bin sehr froh, dass Ira uns als Mutter bei unseren Vater-Tochter Reisen immer unterstützt hat. Etwa zwei Kilo Unterlagen hatte ich jedes Mal dabei, um beweisen zu können: Dies ist mein Kind und es ist nicht entführt, weil die Mutter einverstanden ist, dass wir verreisen. Alles in fünffacher Ausfertigung.

Zweimal waren Mathilda und ich zusammen in Südafrika, wo wir meinen Freund Hanjo und seine Kathrin in Plettenberg Bay besucht haben.

Ich erinnere mich noch, wie wir 2013 mit Air Namibia geflogen sind. Zuerst von Hannover nach Frankfurt, dann weiter nach Windhoek, wo wir so gegen zwei Uhr nachts zwei Stunden Aufenthalt in einer besseren Lagerhalle hatten. Danach dann weiter nach Kapstadt. Da haben wir uns verfahren und sind nach einer Irrfahrt direkt weiter nach Plettenberg Bay gedüst. Das waren dann noch mal sechs Stunden Autofahrt auf der dann nicht mehr ganz so romantischen Garden Route. Eine 12-Jährige auf Erlebnisreise mit ihrem Vater.

Unser gemeinsamer Freund Svenni aus Hannover wohnt mit seiner Familie ebenfalls am Rand von Plettenberg und hat dort eine Farm. Noch heute erzählt Mathilda vom besten Chili ihres Lebens. Wir waren mit Svenni und Hanjo im Busch unterwegs. Schön mit dem Jeep durch unwegsames Gelände. Berge rauf, Berge runter. Irgendwann landen wir an einem kleineren See, der mit Seerosen bewachsen ist. Über einen kleinen Steg führt uns Svenni ans andere Ufer. Mit einer Seilbahn kann man sich über den See gleiten lassen. Das Prinzip ist ganz einfach: Auf dem Seil laufen Rollen, an denen eine rostige Stange befestigt ist. Daran hält man sich fest, und ab geht die Post. Svenni vorweg. In Badehose saust er die 80 Meter Richtung gegenüberliegendes Ufer. Als Nächstes ist Mathilda dran. Wir machen ihr klar, dass es jetzt sehr wichtig sei, dass wir mit ihr zunächst das Fahrverhalten mit weniger Gewicht austesten und sie stürzt sich todesmutig an der dünnen Stange hängend den Abhang runter. Dabei ruft sie noch: „Ihr Schweine, lass ihr lasst mich nur vor, weil Ihr Schiss habt! Sagt Mama, dass ich sie lieb habe. Uaahhhhhhhh ..." Noch schneller als Svenni saust sie Richtung anderer Seite und landet etwa zehn Meter vorm Ufer mitten in den Seerosen. Danach trauen sich Hanjo und zuletzt ich. Wir sind uns einig, dass wir das auf keinen Fall Mathildas Mama erzählen. Rostige dünne Stange mit ziemlicher Abrutschgefahr und vor allem dann Landung im von Seerosenblättern bedeckten Wasser. Keiner weiß, was da auf einen im Wasser wartet. So mitten im Busch von Südafrika.

An der Pistenstraße am sogenannten Prince Alfreds Pass befindet sich die coolste Bar überhaupt: Angies G Spot. Was es hier gibt, wird auf dem schiefen Holzschild am Eingang angepriesen: Lousy food and warm beer! Was für ein großartiger Laden. Schon mittags scheint hier das bevorzugte Getränk Whiskey zu sein, die Bedienung zieht nebenbei an ihrem Joint und aus den Boxen schallt bekömmliche Rockmusik. Das Ganze ist eine Holzhütte neben einem kristallklaren Bach, mit einigen kleinen Stelzenhäuschen und Zeltplätzen. Wir sitzen vor der Hütte an einer langen Holztafel, das Bier ist eiskalt und das Chili echt Weltklasse. Mathilda bekommt Limonade ohne bewusstseinserweiternde Substanzen.

Sie ist echt ein toughes Mädchen. Mutig und immer für jeden Quatsch zu haben. Ihre große Leidenschaft sind Hunde.

Eines Abends sind wir bei Ian und Lisette eingeladen. Den beiden gehört der Knysna Elephant Park etwas außerhalb von Plettenberg. Tagsüber war Mathilda schon ganz früh morgens bei ihnen und durfte auf einem Elefanten reiten und die Ställe ausmisten. Abends sitzen wir im Wohnzimmer, trinken, essen, quatschen. Mathilda hockt natürlich die ganze Zeit bei Bear. Bear ist ein Hund, etwa genauso groß ist wie sie, der zur Löwenabwehr gezüchtet wurde. Etwas „gewaltiger" als ein Rhodesian Ridgeback, aber handzahm in ihrer Obhut.

Nur einmal erlebe ich sie etwas irritiert, als sie nämlich beim Baden von den fiesen, langen Tentakeln einer Bluebottle Qualle erwischt wird. Erste Hilfe mit Essig. „Jetzt kannst du wieder rein, die Chance zweimal erwischt zu werden, ist nahezu null", sage ich mit väterlicher Logik. Es dauert leider keine zwei Minuten, als sie ziemlich verzweifelt und wieder mit zwei, drei Tentakeln um Arme und Beine geschlungen, mit schmerzverzerrter Miene aus dem Wasser kommt.

Hat sie aber alles gut weggesteckt. Wie oft habe ich dieses Kind angeguckt und gedacht: Mein Gott Mathilda, was machst du mit Deinem Vater eigentlich alles durch? Sie macht einfach.

Kinder müssen laufen

SOMMER 2018 – JANUAR 2020. Ich halte es grundsätzlich für eine gute Idee, wenn Kinder eine längere Zeit im Ausland verbringen. Im Nachhinein bereue ich, dass ich das nicht gemacht habe. So etwas prägt dich einfach wahnsinnig. Du lernst eine Sprache wie eine zweite Muttersprache, lernst dich alleine durchzusetzen und auf neue Situationen einzustellen. Nicht zuletzt schließt du Freundschaften in einem fernen Land, die vielleicht ein Leben lang halten. Leider war das in meiner Jugend noch nicht so angesagt wie heute, unsere Eltern waren da Anfang der 80er eher skeptisch.

Wir sitzen zusammen im Auto und quatschen über das Thema. Mathilda ist sofort Feuer und Flamme. Auf telefonische Nachfrage findet auch Ira die Idee gut. Jetzt natürlich die Frage, wohin? Nach vielen Überlegungen wird es dann Neuseeland. Zum einen, weil das Land großartig ist, zum anderen, weil Mathilda gerne weit weg möchte, um nicht so einfach mal eben wieder nach Hause kommen zu können. Außerdem nehme ich an, sie möchte keinen monatlichen Besuch von ihren Eltern bekommen.

Kurz bevor es losgeht im Sommer 2018, verbringen wir zu zweit ein Wochenende in Amsterdam. Wir reden, wir fahren Fahrrad, gucken uns die Stadt und ihre Museen an, gehen abends toll essen. Es tut gut, mit meiner Tochter noch mal drei Tage zu verbringen. Ich kann von diesem gemeinsamen Erlebnis zehren, wenn sie für ein Jahr verschwindet. Und es sollte dann ja sogar länger werden.

An den Tag des Abflugs kann ich mich gut erinnern. Tolle Freunde von Mathilda sind mit nach Hamburg gekommen und natürlich die Familie: Opa Alfons und Oma Petra, Oma Marlene, Ira und Sophie. Auf der Flughafenterrasse stoßen wir im Sonnenschein noch mal an und albern herum. Unten, vor der Sicherheitskontrolle, heulen alle Rotz und Wasser. Du lässt dein Kind für ein Jahr an den entferntesten Platz auf diesem Planeten ziehen. Das ist in diesem Moment ein echt schwieriges Gefühl. Ira und ich sind völlig fertig. Mathilda ist auch sehr bewegt und hält alle noch mal lange im Arm. Aber andererseits ist sie auch sehr entschlossen und neugierig auf das, was sie erwartet. Nachdem sie die Sicherheitskontrolle passiert hat, winkt sie uns noch einmal zu, dann entschwindet sie in Richtung Flugsteig. Eine Sechzehnjährige auf dem Weg ins Abenteuer. Wie wird sie wohl sein, wenn sie zurückkommt?

Und unser Kind hat Glück. Sie kommt in eine tolle Familie nördlich von Auckland in der Region Bay of Islands in Kerikeri. Logischerweise gibt es auch mal Probleme, aber alles lässt sich gut per Whatsapp oder Telefon lösen. Bei Mathilda ist es morgens, wenn wir abends zusammen telefonieren oder umgekehrt.

Ein wenig stolz bin ich, als wir eines Tages ein auf den ersten Blick schockierendes Video von ihr zugeschickt bekommen. Dieses Kind ist einfach eine coole Socke: Auf dem Video sieht man, wie sie in der Nähe von Queenstown den höchsten Bungee-Sprung Neuseelands macht. Absoluter Hammer, wie sie sich da 134 Meter in die Tiefe stürzt. Du denkst, dein Kind hört überhaupt nicht mehr auf zu fallen. Dazu dann die Schreie ihrer Freundinnen. Ja, Mathilda scheint eine gute Zeit zu haben.

Ira, Sophie und ich besuchen sie nach einem guten halben Jahr im Januar 2019. Gemeinsam machen wir erst eine Rundreise über die Nordinsel von Neuseeland. Es ist wirklich ein fantastisches Land. Später sind wir dann noch eine knappe Woche in Kerikeri und lernen natürlich auch Tracey und Zark, die Gasteltern, kennen. Die beiden und ihre zwei Kids sind richtig tolle Menschen. Und für Mathilda inzwischen auch enge Bezugspersonen. Man darf nicht vergessen, dass sie hier gerade wichtige Erfahrungen für ihr Leben macht.

Als sie etwa ein dreiviertel Jahr in Kerikeri ist, ändert sich ihre Situation entscheidend. Bislang hatte sie hauptsächlich mit anderen Austauschschülern Freundschaften geschlossen, mittlerweile ist sie bei den Einheimischen angekommen und voll akzeptiert. Sie geht zu Partys, besucht Festivals, verbringt ganze Wochenenden an Stränden und geht nebenbei auch gerne zur Schule. Ich spüre, wie glücklich sie in Neuseeland ist.

Gemeinsam überlegen wir, ob sie nicht die Schule dort beenden sollte. Das Schuljahr beginnt in Neuseeland Anfang des Jahres und endet im Dezember. Wenn sie um ein halbes Jahr verlängert und bis Ende des Jahres bleibt, müsste sie in Deutschland nicht mehr zur Schule gehen. Der Abschluss würde auch bei uns als Zulassung fürs Studium gelten.

So kommt es dann auch. Obwohl wir alle natürlich mehr Sehnsucht als alles andere nach einander haben, verlängert sie und beendet die Schule in Neuseeland. Die Rückkehr ist für Ende Januar 2020 geplant, weil sie mit ihren Freundinnen noch ein bisschen reisen möchte.

Die Rückreise verläuft dann alles andere als glatt, um nicht zu sagen, sie ist dramatisch. Wir hatten alles organisiert: Freundinnen und Freunde wollten zum Flughafen nach Hamburg kommen, Fahrzeuge waren organisiert, um nach Hannover zu fahren. Bei Ira in der Wohnung sollte eine kleine Überraschungsparty steigen. Ich kann gar nicht sagen, wie nervös ich war. Obwohl es mich total glücklich gemacht hat, dass unsere Tochter eineinhalb Jahre in Neuseeland leben konnte, hatte ich unglaubliche Sehnsucht nach ihr. Ira ging es genauso. Am Tag ihres Abfluges, der in unsere Nacht fiel, schlafe ich unruhig und wache morgens um sechs Uhr auf. Auf meinem Handy sind zehn (!) Anrufe in Abwesenheit und unzählige Nachrichten eingegangen: „Ich kann meinen Reisepass nicht finden!"

Bitte was …?! Sofort rufe ich Ira an, wir sind beide komplett aufgelöst. Es ist eine Mischung aus Enttäuschung, Verzweiflung und Sorge. Allerdings sind wir auch, untertrieben gesagt, ein wenig sauer, wie so etwas überhaupt passieren kann. Als ich mit Mathilda telefoniere, wird meine Laune nicht besser.

„Gestern haben wir im Liquor Shop noch eingekauft und da musste ich ihn vorzeigen. Ich habe keine Ahnung, wo der Pass jetzt ist. Wir haben schon das komplette Auto von Lexi durchsucht und sind den ganzen Weg abgegangen."

Am Tag vorher also noch Alkohol kaufen und am Reisetag ist der Pass plötzlich nicht mehr auffindbar. Kannste nicht glauben, musste erleben.

Lange Rede kurzer Sinn: Flieger verpasst, Pass nie wieder aufgetaucht. Und ohne den kannst du das Land nicht verlassen.

Ich buche einen Ersatzflug zwei Tage später und bekomme nach unzähligen Telefonaten Kontakt zum deutschen Honorarkonsul in Auckland. Dort vereinbaren wir einen Termin, bei dem Mathilda ein Ersatzdokument bekommen soll. Insgesamt war die Angelegenheit ein wenig eng getaktet. Der Plan war nämlich, einen Tag nach Mathildas neu berechneter Ankunft mit unserer Truppe nach Gargellen zum Skifahren zu fahren. Mathildas Job in Neuseeland war es jetzt, fünf Stunden mit ihrem Gepäck im Bus nach Auckland zu fahren, dort dann in einem Hostel zu übernachten und am nächsten Morgen zum Konsulat zu gehen. Da sollte sie die Ersatzdokumente beantragen und eine Stunde später hoffentlich auch bekommen. Anschließend sollte es mit dem Taxi zum Flughafen gehen, von wo sie – endlich –nach Hause fliegen würde. Es war eng, aber genauso hat sie es geschafft.

Zum Flughafen ist sie übrigens mit dem Bus gefahren, um Geld zu sparen. Toughes Mädel.

Natürlich haben wir sie mit Omas und Hund am Flughafen in Hamburg abgeholt. Wenn ich mir das Bild vor Augen führe, wie sie aus der Ankunftshalle kommt, schießen mir sofort wieder die Tränen in die Augen. Und die Überraschungsparty? Hat geklappt. Das war wirklich wichtig für sie, nach so langer Zeit zu sehen, dass ihre Freundinnen und Freunde vorbeikommen, um ihre Rückkehr zu feiern.

Eine Geschichte aus dieser Zeit hat mich als Vater besonders bewegt. Sie zeigt mir, dass wir wirklich ein vertrauensvolles und entspanntes Verhältnis zueinander haben. Ich habe sie gefragt und darf das auch erzählen:

Es ist kurz vor ihrem 18. Geburtstag im Oktober 2019. Ich sitze morgens an meinem Schreibtisch bei NDR2 und bereite mich auf meine Sendung ab zehn Uhr im Radio vor.

So kurz vor acht Uhr ruft mich Mathilda aus Neuseeland an. Es geht um Schule, den bevorstehenden Sommer und Pläne bis zum Ende ihrer Zeit am anderen Ende der Welt.

„Hab dich lieb, Küsschen!" So verabschieden wir uns am Telefon.

Eine Minute später klingelt es wieder.

„Na, hast du was vergessen, brauchst du noch Geld?", frage ich scherzhaft.

„Nein Papa, ich habe vergessen, dass ich dir noch was erzählen wollte."

„Was denn?"

„Ich wollte dir nur sagen, dass ich meine Jungfräulichkeit verloren haben …"

„…"

„…"

Striiiiiiike! Ich mache unter dem Tisch die Beckerfaust vor Begeisterung.

„Ach, das ist ja schön ... wie war es denn?", frage ich gespielt lässig.

„Och", sagt Mathilda, „nicht schlecht."

„Und, seid ihr jetzt zusammen ...?"

„Nein, Papa! Das ist doch nur ein Freund von mir."

Oft hört man von Vätern, dass sie den Freund mit der Schrotflinte vom Hof jagen würden, wenn er ihre Tochter anfassen würde. Ist doch eigentlich ein wenig ungerecht, weil die gleichen Väter im anderen Fall ihrem Sohn anerkennend auf die Schulter klopfen würden. Und bitte die eigenen Ambitionen in der Jugend nicht vergessen.

Ich bin glücklich, dass ich in den letzten 20 Jahren beobachten durfte, wie Mathilda sich entwickelt hat. Vom Baby zum Kind, vom Kind zum Mädchen, vom Mädchen zur Jugendlichen und von der Jugendlichen zur jungen Erwachsenen. Genau die Entwicklung, die wir alle selber durchgemacht haben. Niemand von uns wollte stehen bleiben, wir alle wollten älter und reifer werden. Das jetzt beim eigenen Kind noch mal mitzufühlen, finde ich total beglückend und aufregend. Und dazu gehört eben auch Sex. Ich möchte mir das nicht unbedingt vorstellen müssen. Aber auch eine Tochter soll alles tun, was Spaß bringt und sie glücklich macht. Es ist schlicht die normalste Sache der Welt.

Die Leiden des jungen Baumgarten

Mist, wir leben nicht ewig

Es ist erstaunlich, wie sich die Einstellung zur eigenen Endlichkeit mit den Jahren verändert. Als Kind denkt man daran noch gar nicht, als Jugendlicher höchstens mal, wenn es im Bekannten- oder Familienkreis einen Todesfall gibt. Später dann, ab 20, schiebt man das für sich persönlich noch in weite Ferne, man beginnt aber, sich in sogenannten tiefsinnigen Gesprächen mit dem Tod zu beschäftigen, rein abstrakt, versteht sich. Ab 40 hört man im Freundesreis immer öfter Sätze wie: „Man muss wirklich versuchen, jeden Tag zu genießen, es geht sonst alles so schnell vorbei." Mit 50 wird das nicht besser, mit 60 wahrscheinlich auch nicht. Ich frage mich, wie ich eigentlich damit klarkommen werde, wenn ich Mitte 70 bin und statistisch damit rechnen muss, morgen nicht mehr aufzuwachen.

Der Tod ist mir schon einige Male begegnet. Natürlich ist Papas Sterben ein extra Kapitel in diesem Buch. Dann war da noch der Tod von Alfons, dem liebevollen Stiefopa von Mathilda. Sein Ende war ein harter Kampf für ihn. Der Lungenkrebs ließ ihm keine Chance. In der Nacht seines Todes sitzen wir bei ihm, sprechen mit ihm, geben ihm das Gefühl, nicht allein zu sein. Mathilda hat die schöne Idee, Alfons einen Lottoschein ausfüllen zu lassen, weil er das immer gern gemacht hat, vielleicht würden ja seine Zahlen gezogen, er müsse nur durchhalten. Als er am späteren Abend kaum noch Luft kriegt, nur noch keuchend hustet und immer größere Angst bekommt, beschließen wir, die Dosis an Beruhigungsmitteln und Morphin deutlich zu erhöhen. Am nächsten Morgen erzählt mir Mathilda am Telefon, dass Alfons spät in der Nacht verstorben sei. Petra und Ira waren die ganze Zeit bei ihm, Mathilda und auch Marcel, der als Exfreund von Ira weiterhin engen Kontakt zu uns allen und vor allem auch zu Alfons gehalten hat. Ich fahre sofort zu ihnen. Alfons liegt in seinem Bett, friedlich, aber man sieht ihm seinen zehrenden Kampf an. Als ich seine Hand streichele, spüre ich, dass das Leben aus diesem Körper gewichen ist, die Seele sich nicht mehr in dieser körperlichen Hülle befindet. Alles, was man mit einem Menschen verbindet, wirkt in so einem Moment irreal.

Wir sitzen im Wohnzimmer und reden über Alfons, tauschen Erinnerungen aus. Wir sprechen über die vergangene Nacht und den Moment des Todes, und immer wieder steht einer auf, geht zu ihm ins Zimmer und spricht zu ihm. Eine Atmosphäre, zu der mir nur einfällt, dass es ein natürlicher Umgang mit dem Tod ist. Alfons hätte es gefallen. Uns anderen tut es gut, mit warmen Gedanken und Erzählungen in dieser familiären Atmosphäre gemeinsam Abschied von ihm zu nehmen. Brutal wird es noch mal, als ihn gegen Mittag die Bestatter mit dem Transportsarg abholen. Ein Mensch, zumindest sein Körper, wird aus dem Leben weggebracht. Aus, Ende, das war's.

Viele Jahre davor, an einem Frühsommertag, fahren wir mit den Motorrädern auf der Autobahn nach Hamburg zu den Harley Days, als sich der Verkehr plötzlich verdichtet und schließlich zum Erliegen kommt. Stau an einem Samstag ohne

Ferien, was ist das? Auf der Standspur tasten wir uns langsam vor, bis wir den Stauanfang erreichten, direkt vor der Brücke bei der Abfahrt Berkhof. Da liegt ein demoliertes Motorrad mitten auf der Straße. Etwas weiter entfernt zwei Autos mit offenen Türen. Vor allem aber liegen zwei Menschen auf der Fahrbahn, beide noch mit Helm. Ich stelle sofort mein Motorrad ab und renne zu ihnen, um etwas zu tun. Zwei Helfer geben mir zu verstehen, dass da nichts mehr zu machen sei. Einer sagt: „Ich bin Arzt, habe schon alles probiert, leider sind beide tot."

In der Ferne ist ein Rettungswagen zu hören. Ich stehe auf und gehe zehn Meter rüber zu dem zweiten Unfallopfer. Als ich mich neben ihn knie, sehe ich durch das offene Visier des Helmes das Gesicht eines Jugendlichen. Ein Gesicht, in dem trotz Jugend kein Leben mehr ist. Tot, gestorben mit 16 auf der Autobahn an einem Frühsommertag.

Wie sich rausstellt, waren Vater und Sohn mit dem Motorrad unterwegs nach Hamburg. Das Fahrzeug vor ihnen muss gebremst haben, das Motorrad stürzt und der nachfolgende Wagen überrollt die beiden.

Wir müssen uns förmlich zwingen, weiterzufahren. Wenn du nach so einem Erlebnis die Maschine stehen lässt, setzt du dich nie wieder auf ein Motorrad.

Ein anderer Sommer, wir sind mit den Motorrädern bei der European Bike Week am Faaker See. Ein großartiges Happening mit Tausenden Harleys und anderen Motorrädern. Ganz Kärnten steht Kopf. Dieses Mal sind wir zu viert mit dem Auto runtergefahren und haben die Karren auf dem Anhänger dabei. Alles ist wunderbar und wir haben eine lustige Zeit. Auf der Rückfahrt befinden wir uns gerade auf der Strecke von

Salzburg Richtung München, ich sitze auf dem Beifahrersitz, Stefan fährt. Plötzlich sehen wir wie in etwa 400 Metern Entfernung vor uns ein Auto nach rechts rüber zieht, ins Schlingern gerät, einige Meter hochschießt, sich überschlägt und vor einem Brückenpfeiler in einem Graben landet. Wir sind das erste Auto an der Unfallstelle. Da liegt jemand. Stefan manövriert unser Gespann dran vorbei, setzt den Warnblinker und fährt rechts ran. Ich reiße die Tür auf und renne zu dem Mann, der auf der Fahrbahn liegt. Hinter uns halten die Autos vor der Unfallstelle. Eine Frau kommt mir entgegen und will auch helfen. Wir knien neben dem vielleicht 20-jährigen Mann und sprechen ihn an. Keine Reaktion. Ich sage der Frau, sie soll den Notruf verständigen, derweil ich den Mann weiter anzusprechen versuche und kontrolliere, ob etwas Erbrochenes in seinem Mund ist.

Dann aber überkommt mich so etwas wie eine Berührungsangst. Ich sehe überall nur noch Schmutz und versuche mich krampfhaft darauf zu konzentrieren, was ich jetzt noch tun kann. Bevor ich mit einer Herzmassage überhaupt anfange, spüre ich plötzlich das Ende kommen. In einem Moment, als ich diesem jungen Menschen gerade wieder ins Gesicht schaue, presst er durch die geschlossenen Lippen einen Atemzug. „Pfrrrrrrr" macht er und sein Leben verabschiedet sich aus diesem Körper. Die Frau und ich gucken uns an und wissen, was passiert ist.

In diesem Moment kommen aus dem Graben drei andere Leute hervor. Alle blutüberströmt und wackelig auf den Beinen, aber lebendig. Der Notarzt kommt.

Später hören wir im Radio, dass der Wagen den Grünstreifen berührt hat und dadurch ins Schleudern gekommen ist, der Fahrer war nicht angeschnallt und wurde durchs

Fenster auf die Straße geschleudert, wo er tödliche Kopfverletzungen erlitt.

Bis heute denke ich an diesen Moment, als er sein Leben aus den Lippen presste, und frage ich mich, ob ich damals nicht zu wenig getan habe. Beatmen, Herzmassage, warum habe ich nicht sofort damit losgelegt? Könnte der junge Mann noch leben? Auch wenn das ziemlich unwahrscheinlich ist – es nagt an mir. Ich kann es nicht mehr ungeschehen machen, höchstens beim nächsten Mal besser.

Wir sind auf dem Rückflug mit unserer Golftruppe von Antalya nach Hannover. Unsere Stimmung ist immer noch ausgelassen, wir hatten fantastische Tage zusammen. Im Flieger sitzen wir kreuz und quer verteilt. Ich habe recht weit vorne, so etwa in Reihe zehn, einen Fensterplatz, neben mir nimmt ein älteres Paar Platz, sie direkt neben mir, er am Gang. „Das ist eigentlich gar nicht mehr mein Mann, wir sind nur zusammen im Urlaub gewesen", fällt die Dame mit der Tür ins Haus. „Schön", sage ich, „Hauptsache, es hat Spaß gemacht." „Na ja, er ist gesundheitlich nicht mehr so fit, aber er wollte mich unbedingt einladen." Das wäre also geklärt.

Wir sind etwa 30 Minuten in der Luft, im Flieger ist es ungewöhnlich warm. Zufällig werfe ich einen Blick zu dem Herrn rüber und werde stutzig. Er ist sehr fahl, sein Unterkiefer ist nach unten geklappt, die Augen sind geschlossen. „Gucken Sie doch bitte mal zu Ihrem Ex-Mann, ich habe das Gefühl, mit ihm stimmt was nicht", sage ich zu der Dame. Als sie ihn vergeblich anspricht, verständige ich die Flugbegleiter. Zwei Reihen hinter uns bekommt ein Mann die Situation mit. Offensichtlich ist er Rettungssanitäter, eilt zu uns, schnallt den mindestens bewusstlosen Herrn ab und legt ihn auf den Boden.

„Wasser!", schreit er und fängt mit Herzmassage an. Was dann passiert, ist wirklich unbeschreiblich: Eine Ärztin schaltet sich in die Hilfe ein, ein weiterer Rettungssanitäter mischt auf dem engen Gang ebenfalls mit. Die Flugbegleiter rennen nach vorne, springen über das Menschenknäuel auf dem Gang, bringen Wasser, holen den Defibrillator, rufen wild durch die Gegend. Hinter mir fängt eine junge Frau an zu weinen, vor mir fällt jemand in Ohnmacht. Reihenweise übergeben sich die Passagiere, ein entsprechender Geruch macht sich breit. Der Flieger geht gefühlt senkrecht nach unten. Die Piloten steuern notfallmäßig Istanbul an. Es herrscht Ausnahmezustand. „Wir haben ihn wieder!", ruft ein Helfer, nachdem etwa fünfmal der Defibrillator angesetzt worden war. Die Helfer sind Profis und haben die Situation im Griff. Es ist wahnsinnig eng. Alle paar Minuten wechseln sie sich mit der Herzmassage ab. Alles, was ich tun kann, ist, die Begleiterin zu beruhigen. „Eigentlich sind wir ja gar nicht mehr zusammen, ich muss doch jetzt hoffentlich nicht am Boden mit ihm raus ins Krankenhaus?", ist ihre einzige Sorge.

Die Hälfte der Leute steht oder sitzt unangeschnallt auf den Sitzen, als wir in Istanbul landen. Blaulicht zuckt durch die Fenster, ein Rettungsteam mit Bergungstrage stürmt ins Flugzeug. Sie kontrollieren die Versorgung, legen einen Zugang und zwängen sich nach einigen Minuten mit der Trage nach draußen. Respekt vor den Helferinnen und Helfern, die vollkommen erschöpft sind. Allerdings klingen sie nicht besonders optimistisch und der Herr ist beim Raustragen immer noch ohne Bewusstsein.

Obwohl sie mir zu verstehen gibt, dass sie eigentlich lieber weiterfliegen würde, kann ich die Dame dazu bewegen, ihren

Ex-Mann zu begleiten. Ob der Herr es geschafft hat, oder ob er gestorben ist, weiß ich nicht.

Viele Menschen behaupten, sie hätten keine Angst vorm Tod. Nur vorm Sterben. Außerdem fällt mir auf: Bei Beerdigungen oder Todesfällen wird ganz schnell an die Angehörigen gedacht. Natürlich ist das Leid der Angehörigen groß. Natürlich möchte niemand leiden. Aber ich finde, wir vergessen dabei immer den Menschen, der gestorben ist.

Gelegentlich denke ich intensiv über dieses Thema nach, in Trauermomenten oder auch manchmal einfach so. Ich stelle mir dann vor, was aus mir wird, wenn ich tot bin. Wo bin ich dann und als was? Bin ich dann überhaupt noch ich? Bei diesen Gedanken kann es passieren, dass ich mich richtig in diesen gestorbenen Zustand hineinversetze und alles immer weiter und weiter durchspiele. Ich muss mich dann geradezu zwingen, meine Gedanken zu stoppen, sonst werde ich verrückt. Es ist keine gute Vorstellung, in einer Kiste unter der Erde zu liegen und langsam zu vergammeln. Für mich ist es auch keine gute Vorstellung, dass das Leben in all seinen wunderbaren Facetten weitergeht, nur eben ohne mich. Mir schnürt es die Luft ab, wenn ich mir vorstelle, dass ich nicht mehr denken, nicht mehr atmen, nicht mehr fühlen kann, mein Körper kalt und steif wird, wo er kurz vorher noch warm und weich war. Das soll alles vorbei sein?

Das Leben geht weiter, heißt es so schön. Ja, das ist tröstlich – wenn man selbst daran teilnehmen darf. Aber wenn ich den Zug des Lebens verlassen habe und er ohne mich weiterfährt, dann finde ich das irgendwie beängstigend. Deswegen bedauere ich zuerst die Verstorbenen und tröste dann die Angehörigen.

Ja, ich habe Angst vorm Tod. Oder besser gesagt: Ich habe Angst davor, tot zu sein. Weil ich ganz einfach zu gerne lebe.

Jetzt stellt sich die Frage nach Religion, Energie, Magie oder Wissenschaft. Wenn ich mir die Wissenschaft ansehe, dann ist die Lage eigentlich klar: Uns geht es nicht besser als jeder Fliege. Tot und weg. Nichts weiter. Als tröstlich kann man dabei empfinden, dass mit dem Tod auch jede Qual endet. Das können Schmerzen sein, aber eben auch psychische Qualen. Der Tod ist für viele Menschen ganz sicher auch eine Erlösung.

Wenn ich meine Antworten in der Religion suche, dann finde ich abhängig von der Glaubensrichtung verschiedene Vorstellungen. Vereinfacht gesagt, reicht das von Wiedergeburt bis Leben im Himmelreich. Ich bin der festen Überzeugung, dass Religionen im Laufe der Jahrtausende viel Unheil über die Menschen gebracht haben. Auf der anderen Seite bin ich aber auch der festen Überzeugung, dass Religionen für Gesellschaften wichtig sind, weil sie moralische und ethische Werte verankern. Man muss nicht alles glauben, aber wenn man sich am Ende auf Nächstenliebe, nicht klauen und nicht morden verständigen kann, dann ist das schon viel wert.

Allerdings erscheinen mir die religiösen Antworten auf das, was nach dem Tod passiert, eher schlicht. Hier schwingt in meinen Augen etwas mit, was ich als Hoffnung bezeichnen würde. Die Hoffnung darauf, dass eben mit dem Tod doch nicht alles vorbei ist. Seien wir ehrlich, diese Hoffnung ist natürlich verführerisch. Für viele jedenfalls verführerischer als die schnöde Annahme, nach dem Leben folge das große Nichts. Es gibt andererseits viele Menschen, die dennoch mit diesem Nichts einverstanden sind. Die sich damit abgefunden haben und möglicherweise gar nicht weiter über dieses Thema nachdenken wollen.

Ich stelle mir tatsächlich auch oft die Frage, ob das Nichts wirklich so furchteinflößend sein muss. Was wäre denn die Alternative? Ständig wiedergeboren zu werden? Im Himmel als Engel rumzuschwirren, gemeinsam mit inzwischen Milliarden von anderen Engeln? Und dann kommt ja auch die Frage auf, was passiert denn eigentlich danach? Eine Frage folgt der anderen. Diese Gedanken werfen unendliche Fragen auf und sind in ihrer Unendlichkeit unbegreiflich für uns Menschen, genauso wie das Universum.

Ich habe beschlossen, mich nicht festzulegen: Ich befürchte zwar, es wird einfach nur vorbei sein nach dem Leben, wir werden totes Material sein, dass den Lauf der Natur nimmt. Ich kann mir aber auch gut vorstellen, dass da doch noch mehr ist. Bei all meinen Begegnungen mit dem Tod ist mir aufgefallen, dass der Körper ganz schnell nicht mehr das ist, was einen Menschen ausgemacht hat. Das Leben, oder vielleicht die Seele, ist aus dieser körperlichen Hülle raus. Deswegen finde ich, unsere Vorstellung von dem, was wir Leben nennen, ist möglicherweise zu sehr aufs Körperliche bezogen.

Vielleicht müssen wir uns komplett von allem verabschieden, was wir uns vorstellen können, was wir von Wissenschaft oder Religion gelernt haben. Vielleicht ist es ganz was anderes. Vielleicht hilft dabei auch dieses buddhistische Bild, dass ein Tropfen zurück ins Meer fällt.

Mit meinem Coach Werner habe ich neulich darüber gesprochen, was Ängste in uns bewirken. Es ging dabei um Ängste, die uns lähmen, den richtigen Job zu machen, um Ängste, die uns hindern, in der Gesellschaft unseren Platz zu finden. Eine grundlegende, eigentlich naheliegende Erkenntnis ist: Angst hemmt dich, frei zu sein.

Ich habe das für mich ein wenig weitergesponnen und komme auf meine Angst vor dem Tod, oder besser gesagt, vor dem Unbekannten nach dem Leben, zurück. Wenn ich zu viel Angst davor habe, vernebele ich meine Gedanken. Dabei vergesse ich etwas ganz Wesentliches: Ich kann es nicht ändern. Das Leben ist für jeden garantiert endlich. Und niemand weiß, wie es danach weitergeht. Ob es überhaupt weitergeht. Aber Angst hilft nicht weiter. Vielleicht ist deswegen Offenheit gar nicht so schlecht: Offen sein dafür, dass ein Nichts nichts Schlechtes sein muss. Oder offen dafür, dass etwas mit diesem unkörperlichen Leben passiert, von dem wir noch gar keine Ahnung haben.

Wie hat mir ein sympathischer und nachdenklicher Ulrich Tukur einmal auf dem Sofa gesagt: „Ach, Hinnerk, der Tod? Den Tod haben schon ganz andere überlebt!"

Was bist du bereit, für deine Liebe zu tun?

Teil 7: Now or never

JAHRESWECHSEL 2020/21. „You're my heart, you're my soul", schmachtet Thomas Anders live ins Mikrofon und wir singen aus voller Kehle mit. Es ist etwa 22 Uhr am Silvesterabend 2020, im polnischen Fernsehen läuft die Übertragung der großen Silvestershow live aus Zakopane. Corona-bedingt zwar ohne Zuschauer, aber dafür mit lustigen Moderatoren und bestens aufgelegten Stars, die ihre Partyhits abfeuern. Thomas Anders ist ein echter Star in Polen, begeistert hier mit den Modern-Talking-Klassikern. Ich mag Thomas, er war auch schon bei mir auf dem Sofa und deswegen schicke ich seiner Frau Claudia direkt aus der Silvesternacht eine WhatsApp-Nachricht mit den besten Wünschen für den Jahreswechsel. Wir würden Thomas gerade im polnischen TV sehen und dazu tanzen. Sie schickt geschätzte 100 Smileys zurück.

Wir sind nicht in Danzig, sondern sozusagen auf neutralem Boden, wir feiern Silvester in Stettin. Und dieser neutrale Boden wird zu späterer Stunde noch zu einem ziemlich heißen für mich werden.

Es ist ein holpriges Jahr für Joanna und mich. Nach den erfolgreichen Anfängen meiner Logistiker-Karriere sieht es zunächst danach aus, als ob wir diesem ganzen Corona-Mist trotzen und weiter am Glück unserer Beziehung arbeiten können. Im Sommer werden die Corona-Beschränkungen gelockert, die

Grenzen wieder geöffnet. Im August überlegen wir, gemeinsam in den Urlaub an den Gardasee zu fahren. Der Plan ist, dass sie nach Hamburg kommt und wir von hier aus weiter Richtung Süden fahren. Vorher sind wir noch auf einer Veranstaltung von meinem Freund Sören auf Gut Basthorst bei Hamburg eingeladen. Nette Leute, gute Gespräche, eine runde Angelegenheit. Außerdem treffen wir Ilka von der *Bunten*, die schöne Fotos von uns macht und einen Artikel für die kommende Ausgabe schreiben will. Das ist für Joanna ein kleines Problem, ihre Freundin Hannah hatte sie nach München eingeladen und sie hat, unter dem Vorwand krank zu sein, abgesagt. Also ändert Ilka den Artikel ein klein wenig ab und lässt unsere Reise an den Gardasee einfach unter den Tisch fallen. „1000 Kilometer für die Liebe" heißt es nun, und man könnte an die Distanz zwischen Hamburg und Danzig denken.

Gegen 22 Uhr verabschieden wir uns und starten Richtung Gardasee. Rund 1200 Kilometer liegen vor uns. Im ersten Turn schaffen wir es bis kurz vor München, Joanna als Thermoskannenreicherin, ich als Langstreckenfahrer. Auf dem Parkplatz einer Raststätte schlafen wir drei Stunden im Auto, dann geht es leicht gerädert weiter Richtung Italien. Während der Fahrt organisiert Joanna am Telefon ein Zimmer im Hotel Gardesana in meinem Lieblingsort Torri del Benaco. Das Gardesana mag früher einmal so etwas wie das erste Haus am Platz gewesen sein; wir aber wechseln am nächsten Tag in ein kleines Hotel zwei Straßen entfernt. Ich mag Torri seit vielen Jahren. Ein kleiner Ort mit Hafen, einigermaßen übersichtlich und vor allem noch ursprünglich und nicht so überkandidelt. Joanna, die das erst Mal am Gardasee ist, ist total begeistert. Die Sonne scheint, wir essen in einfachen Restaurants, gehen schwimmen oder leihen uns E-Bikes und verbringen einen fantastischen Tag mit vielen Höhenmetern und tollen Ausblicken auf den See. Am Mittwochabend besuchen wir ein schickes Bergrestaurant, das wir bei der Bike-Tour entdeckt haben. Über dem See liegt eine mystische Gewitterstimmung und nur wenige Gäste sind da. Das Ganze hat einen leicht morbiden Charme, ist gleichzeitig aber auch wunderschön. Nur das Carpaccio, dass ich vorweg esse, ist wahrscheinlich etwas zu morbide, wie sich am nächsten Tag zeigen wird.

Donnerstag ist Bootstag, yeah! Es gibt wenige Dinge, die so viel Spaß machen, wie mit dem Boot auf dem Gardasee zu sein. Ich freute mich darauf, Joanna den Blick vom See aus zu zeigen. Gut, mit einer Riva kann ich jetzt nicht aufwarten, aber wie leihen uns ein kleines 40-PS-Boot in Garda. Mit dabei haben wir einen Korb mit Brot, Wurst, Käse, Wein und Bier.

„Sorry, I think, I need to go to the toilet here", sagt Joanna, als wir auf dem Weg zum Steg an einem Café vorbeikommen. Kaum ist sie um die Ecke, beschleicht auch mich ein leicht ungutes Gefühl. Ich bin nicht unbedingt derjenige, der gerne aushäusig Toiletten für größere Geschäfte aufsucht, aber als Joanna wiederkommt, muss ich schon rennen. Das war knapp, und vor allem war es ziemlich ruckartig und man kann es als durchlaufenden Posten bezeichnen. Auf dem Boot gucken wir uns beide an und überlegen, woran es gelegen haben kann. „But I feel better now", sagt sie. „Me too, but I have the feeling, this was not all", erwidere ich. Ich sollte schmerzhaft recht behalten.

Ich kenne mich ganz gut aus auf dem See und weiß, was der Kapitän seiner Dame gerne zeigen möchte. Joanna ist begeistert von den Ausblicken, von der spritzenden Gischt, von der Geschwindigkeit, von der Größe des Sees, einfach von allem. Wir cruisen ein wenig herum und nach etwa einer dreiviertel

Stunde werfen wir im seichten Wasser neben anderen Booten den Anker an der Isola del Garda, der größten Insel im Gardasee. Mal gucken, was wir alles so in unserem Fresskorb drin haben. Ein kleines Bier, schön kühl und erfrischend bei der Hitze, kann doch dem Herrn Baumgarten jetzt nur guttun. Tut es aber nicht. Mir wird schwindelig und ich stehe kurz vor einer Explosion. Ein Königreich für eine Toilette! Es gibt aber nur eine Lösung: Ab ins Wasser und etwas weiter weg vom Boot die Fische füttern. Ich springe, lupfe die Hose und schon geht's los. Wasser zu Wasser, nennen wir das mal. Joanna macht sich Sorgen, versucht mir zu helfen, was natürlich nicht geht, aber immerhin bin ich froh, dass wir keine Scham voreinander haben. Immer ein sehr wertvoller Punkt in unsere Beziehung, dass uns nichts Menschliches fremd ist und wir trotzdem unsere gegenseitige Anziehungskraft behalten haben. Allein an diesem Ankerplatz muss ich geschätzt zehnmal ins Wasser. Irgendwann kippt die Stimmung von besorgt ins Alberne. Ich meine, wenn der Typ alle zwei Minuten stöhnend ins Wasser hüpft, und damit dem wunderbaren Bootsausflug eine gewisse Prägung verleiht, dann kann man das eigentlich nur noch lachend ertragen. Als leichte Erholung einsetzt, lichten wir den Anker und machen uns schnell auf den Weg nach Salo, in der leisen Hoffnung, dort so etwas wie Immodium akut kaufen zu können. Joanna fährt und entdeckt ihre Liebe zu Booten wieder, die durch ihre Erlebnisse mit dem Malediven-Business etwas gelitten hat. Gerade scheine ich wieder etwas Ruhe im Gebälk zu haben, da muss ich laut „Stop!" rufen und hüpfe schnell erneut ins Wasser. So geht das noch weitere zwei Mal (bitte ruhig mitzählen), bis wir dann in Salo festmachen. Pech leider, dass gerade Mittagszeit ist und keine Apotheke geöffnet hat. Dafür darf ich die sanitären Einrichtungen von zwei weiteren Restaurants unter die Lupe nehmen. Eine Cola trinke ich zwischendurch auch noch, hilft hoffentlich. Mittlerweile tut es mir schrecklich leid, aber dieser als romantisch geplante Tag wird ausschließlich von einem Thema beherrscht. Wir begeben uns wieder aufs Boot in der Hoffnung, die Cola wirke Wunder. Tut sie, allerdings mit reichlicher Zeitverzögerung. Bis dahin lande ich auf der Westseite des Sees noch vier Mal im Wasser, mittlerweile ist das auch etwas schmerzhaft, durch eine gewisse Reizung. Aber egal, was auf jeden Fall entsteht, ist ein Video von einer wirklich sexy anzusehenden Joanna mit Hut und rotem Badeanzug, die einen schönen Tag auf dem See filmt und dann zu mir schwenkt, wie ich mich gerade stöhnend wieder zurück auf unser Boot hieve, was sie lachend mit den Worten kommentiert: „My man is going to the water thirty times to make shit, what can I do ...? I have to drink more." Ein Video, das wir immer wieder gerne zeigen, herrlich, mein schmerzverzerrtes Gesicht. Ich möchte an dieser Stelle aber noch anmerken, dass wir trotz allem Liebe auf dem Boot gemacht haben, später, als die Wirkung der Cola endlich einsetzte. Fragt sich, wer von uns beiden dafür die höhere Leistungsbereitschaft aufbringen musste.

Zumindest war es ein Tag, den wir nicht vergessen werden.

Freitag geht's dann zurück nach Hause. Weil wir uns Zeit lassen und auch noch einen kleinen Umweg zu einem Weingut einlegen, brauchen wir diesmal etwas länger und kommen erst sehr spät nachts in Hamburg an. Samstag dann mittags gleich wieder weiter nach Timmendorf, wir sind noch zu Hanjos Geburtstag eingeladen. Da meine kleine Wohnung belegt ist, suchen wir uns für die Übernachtung ein Zimmer an der Golfanlage Strandgrün.

Zwar sind wir noch ein wenig gerädert von der Fahrerei, aber abends bei der Feier ist das dann schnell vergessen und wir haben alle zusammen großen Spaß. Auch die Nacht verläuft noch harmonisch, gewürzt mit einer Prise Leidenschaft. Am nächsten Morgen fahre ich wie vereinbart relativ früh los, weil ich in Hannover noch ein Golfturnier mitspielen will, Joanna plant für später direkt zurück nach Danzig zu fahren – wir waren aus Hamburg mit zwei Autos gekommen. Trotzdem merke ich beim Abschied nach zehn schönen gemeinsamen Tagen eine gewisse Verstimmung bei ihr. Nichts Genaues, nur so eine Ahnung.

Genau diese Ahnung bestätigt sich in den nächsten Tagen. Es herrscht vom ersten Telefonat an eine aggressive Stimmung zwischen uns, sie deutet einen Traum als Veränderungswillen, ich reagiere bockig. Plötzlich haben wir keinen Zugang mehr zueinander und Joanna beschließt am nächsten Tag, zu Hannah nach München zu reisen. Das verheißt nichts Gutes, denn Hannah hat sich inzwischen zu jemandem entwickelt, die gegen mich redet, insofern ahne ich schon, in welche Richtung das gehen wird. Und genauso kommt es. Aus München schreibt mir Joanna eine Mail, worin sie mir vorwirft, ich würde nur leere Versprechen machen. Sie sähe eigentlich keine gemeinsame Zukunft für uns.

Ja (und zwar mit einem sehr langen „a"), da musste ich dann doch erst mal schlucken, mit allem, aber nicht damit hatte ich gerechnet.

Und dann wird es auch noch Herbst.

Ein ziemlich beschissener Herbst, was meine Gefühlslage angeht. Joannas Verhalten zehrt an mir, macht mich traurig und auch ratlos. Das lasse ich mir nicht bieten, denke ich mir, jetzt reicht's, ich habe doch nichts falsch gemacht! Es vergehen Wochen ohne den geringsten Kontakt.

Dann erhält meine Mutter eine Nachricht von Joanna: Es tue ihr leid, aber Marlene könne sie als Frau sicherlich verstehen. Ich würde ihr, Joanna, weder Sicherheit noch Perspektive geben. Ein weiterer Tiefschlag. Möglicherweise ist das ein Männerding, aber ich denke wirklich, dass ich alles getan habe. Nie hatte ich im Sinn, mich zu trennen – ist das denn keine Sicherheit und Perspektive?

Bis kurz vor dieser Trennung waren wir uns außerdem einig, dass sie nicht mehr nach Hamburg ziehen möchte und Polen für mich auch nicht die beste Alternative ist. Nach der gänzlich überstandenen Pandemie wollten wir gemeinsam den Plan angehen, nach einer Möglichkeit zu suchen, auf Mallorca zu leben. Das wäre dann sozusagen neutraler Boden. Es war schon lange unser Traum. Joanna spricht fließend Spanisch, Ada könnte da zur Schule gehen und ich könnte im Wechsel zwei Wochen auf der Insel und zwei in Hamburg leben. Einiges könnte ich von Mallorca aus arbeiten, Joanna ebenso.

Für mich klang das alles logisch und überhaupt wollten wir erst mal sehen, wie es mit der Pandemie weitergehe. Wer wusste schon, wie Herbst und Winter werden würde. Frauen ticken aber oft anders, oder sagen wir mal, diese Frau tickte ganz besonders anders. Irgendwie empfand sie die Situation und mein Verhalten als total unbefriedigend. Sie warf mir immer mal wieder vor, eine Fernbeziehung sei für mich das Einfachste und Bequemste, für sie allerdings nicht. Und ich Esel bildete mir ein, es sei dennoch alles in Ordnung und wir seien auf einem guten Weg!

Allerdings war ich mir auch während der Funkstille irgendwie absolut sicher, wie auch bei den vorherigen Trennungen, dass Joanna gefühlsmäßig weiter bei mir war. Nur wegen der aus ihrer Sicht fehlenden Perspektive zwang sie sich, sich zu trennen. Ich glaube, Frauen können konsequenter in ihren Entscheidungen sein.

Nach einiger Zeit kommt mir ein Gedanke, oder besser, eine Einsicht: Reden allein reicht nicht. Nach all den dramatischen Ereignissen mit dem Heiratsantrag und unserem erneuten Zusammenkommen hätte von mir trotz Corona vielleicht wirklich etwas Konkretes, etwas Verbindliches kommen müssen. Vielleicht eine (für mich zumindest) so sauunwichtige Sache wie ein Ring? Ja, ein Ring! Ich weiß doch, dass sie so etwas oft erwähnt hat, ich weiß doch, dass sie in solchen Dingen sehr traditionell ist.

Und da hat Hinnerk eine richtig tolle Idee: Ich melde mich bei Marek, einem guten Freund von Joanna in Danzig. Marek macht in Uhren und Schmuck, so ein Business ohne Laden, dafür mehr vom persönlichen Kontakt und Bargeld geprägt. Allerdings – nur zur Sicherheit sei das erwähnt – geht es da nicht um geklaute Sachen, sondern um gebrauchte Stücke.

Ich bitte Marek, für Joanna einen Ring zu besorgen: kleiner Stein, dezente Ausführung. Ich erkläre ihm auch, dass wir momentan eine kleine Krise haben und es eine Überraschung sein solle.

Nach etwa einer Woche schickt er mir Fotos. Wunderbar, denke ich, nicht ganz mein Geschmack, aber er weiß schließlich besser, welche Ringgröße Joanna hat und was ihr gefällt. Zufällig ist sein Sohn gerade mit Freundin in Hamburg. Wir verabreden uns in der Hafencity zur Geldübergabe. Außerdem lege ich einen Brief für Joanna bei.

Marek hat einen Ring besorgt, Geld hat er auch bekommen, jetzt muss er nur noch Brief und Ring an Joanna übergeben. Vielleicht ein verrückter Plan auf die Distanz, aber es läuft! Marek ist mein Komplize und wir verabreden, dass er unter einem Vorwand Joanna um ein Treffen bittet.

Es klappt mit dem Treffen. Dienstagmittag will er ihr alles übergeben. Meine Wunschvorstellung war, dass sie den Ring nimmt, den Brief liest und dann gleich verliebt bei mir anruft. Befürchtet habe ich allerdings, dass sie Marek ausrichten lässt, ich könne sie mal ...

Es ist 14 Uhr und noch immer keine Nachricht. Der Blick aufs Handy wird zur Qual, die Stunden vergehen. Vielleicht soll er mir ja auch nicht schreiben, weil sie mich überraschen will? Dann, so gegen 17 Uhr, kommt eine Nachricht auf Polnisch. Google-Translate verrät mir, dass es ihm sehr leid tue, aber Joanna habe den Ring nicht annehmen und den Brief auch nicht lesen wollen.

Rumms. Das war's dann wohl. Die Kugel rollt im Gefühlsroulette. Rien ne va plus. Nichts geht mehr, und die Kugel ist gefallen ... auf die Null

Marek fragt noch, ob er den Ring weiterverkaufen solle. Aber ne, das will ich nicht, da käme ich mir schäbig vor, der Ring war schließlich für Joanna. Jetzt behalte ich den auch. Er will ihn mir schicken.

Es vergehen weitere Wochen. Ich arbeite so viel ich kann und verbringe so viel Zeit mit netten Leuten wie möglich. Langsam arrangiere ich mich mit der Situation und fühle mich meistens auch ganz okay, nur nachts verfolgen mich graue Gedanken.

Allerdings gibt es noch zwei Umstände, die die Verbindung zu Joanna nicht ganz abreißen lassen. Einmal sind das unsere weiterlaufenden Aktivitäten rund um das Gerichtsverfahren auf den Malediven, wo ich ja schon einiges investiert habe und wo wir noch gemeinsam mit unserem Anwalt Christian ein Team bilden. Und dann ist da noch etwas: Marek hat nach vier Wochen den Ring immer noch nicht zurückgeschickt. Das stört mich aber nicht weiter, weil ich insgeheim hoffe, dass sie es sich eventuell doch noch anders überlegt und den Ring dann bei ihm abholen kann. Hinnerk, was bist du doch für ein pfiffiger, aber auch hoffnungsloser Idiot. Denke ich bei mir selbst, aber Liebe ist eben nun mal Liebe und man kann sie so schlecht für sich selber kontrollieren. Für andere habe ich immer kluge Ratschläge, aber für mich selber leider nur Ratschläge – ohne das Kluge dabei.

Aber auch diese Hoffnung löst sich wenig später in Ernüchterung auf, als mir Marek schreibt, er sei wegen seiner Krankheit leider noch nicht dazu gekommen, mir den Ring zu schicken.

Ich wusste, dass ihn schon länger der Krebs erwischt hatte und schrieb ihm beste Genesungswünsche und dass er sich bitte um sich kümmern solle, der Ring könne warten.

Dann ist es auch schon Dezember. Mein Leben plätschert so dahin und gerade ist die Weihnachtsplanung abgeschlossen. Sven kommt Heiligabend nach Hannover und wir wollen beide mit unserer Mutter zusammen feiern. Gutes Essen, Gespräche und eine glückliche Mutter – das ist das Motto. Für Sven ist das Leben momentan auch nicht nur einfach. Er, der Ingenieur, der sein Leben immer ordentlich gestaltet hat, ausgerechnet er hat ein fröhliches Durcheinander hingezaubert. Kurz zusammengefasst: Zwei Kinder mit Isabel, von der er mittlerweile getrennt ist, ein Kind mit einem zwischenzeitlichen Verhältnis, jetzt aber fest zusammen mit Meredith. Die hat er in Johannesburg kennengelernt, als er da gelebt und gearbeitet hat. Meredith hat drei Kinder, die alle studieren, Sven lebt und arbeitet mittlerweile in Dubai und wir haben eine Pandemie. Ich glaube, an Heiligabend hatten sich Sven und Meredith schon ein halbes Jahr nicht mehr gesehen. Soviel zum Thema Fernbeziehung. Im Vergleich dazu hätte Joanna eigentlich ganz zufrieden sein können.

Was zu dem Zeitpunkt noch nicht geplant ist, ist Silvester. Wenn ich in Hannover bleibe, würde Frühschoppen mit open end im Stromboli sicher eine Option sein. Für Hamburg habe ich die lockere Idee, mit Sören und Familie zu feiern, Fred wiederum will auch irgendwo zum Frühschoppen.

Aber dann ist da ja noch die zart aufkeimende Kommunikation mit Joanna. Anfänglich ging es um Angelegenheiten bezüglich der Malediven-Sache, aber seit etwa drei Wochen geht es unverkrampft auch um private Dinge. Mitte Dezember ruft sie mich sogar an: „Ich wollte nur mal deine Stimme hören ..."

Sie fängt an, mich wieder an ihrem Leben teilhaben zu lassen. Irgendwann schreiben wir uns wieder fast täglich. Aus der verwelkten Blume entspringt eine neue, zarte Knospe. Klingt kitschig, aber so ähnlich ist es.

Heiligabend machen wir einen Video-Call. Alle sind begeistert: Meine Mutter, mein sonst nicht so euphorischer Bruder und ich auf der einen Seite, Barbara, Ada und Joanna gemeinsam mit der Familie von Joannas Bruder auf der anderen. Alle quatschen fröhlich und ganz natürlich drauflos, und es ist, als ob wir nie getrennt gewesen wären.

Heiligabend war dadurch schon mal eine alles in allem gelungene Veranstaltung. (Später am Abend schneie ich dann noch für ein paar Gläser Rotwein bei Ira zu Hause vorbei, ich muss schließlich Mathilda und die anderen noch sehen.)

Am zweiten Weihnachtstag fahre ich abends zurück nach Hamburg, weil ich die nächsten Tage bis einen Tag vor Silvester das „Rote Sofa" moderieren muss. Ich weiß nicht genau wie, aber es ergibt sich einfach, dass Joanna und ich plötzlich einen Plan schmieden. Wir haben beide keine große Lust auf irgendwelche Silvesterpartys und überlegen, den Abend gemeinsam zu verbringen, um zu feiern und zu reden. Joanna hat die Idee, sich dafür auf neutralem Boden in Stettin zu treffen, für beide etwa auf halbem Weg gelegen. Wir wollen Speisen, Getränke und Feuerwerk mitbringen und mieten uns eine Airbnb-Wohnung, ohne irgendjemandem davon zu erzählen.

Mittwoch vor Silvester ist meine letzte Sendung, die Tasche liegt schon gepackt im Auto. Direkt im Anschluss fahre ich los, schnell bin ich aus Hamburg raus und weiter geht's über die Autobahn – wieder mal Richtung Lübeck, dann Rostock und bis kurz hinter die Grenze nach Stettin. PCR-Test habe ich gemacht, außerdem gilt dieser Besuch ja auch als legales Partnertreffen für 72 Stunden während der Feiertage. Die Autobahn ist nahezu leer, einzelne Schneeflocken blitzen im Scheinwerferlicht und rasen bei Tempo 160 auf mich zu. Gegen 23:30 Uhr erreiche ich die Grenze, keine Kontrolle, kaum Autos, kaum Menschen. Kurz hinter der Grenze fahre ich ab in Richtung Stettiner Innenstadt. Wie wird meine erste Begegnung mit Joanna nach einer gefühlten Ewigkeit sein? In was für einer Wohnung landen wir? Ich bin zuerst da und parke direkt vor der Anlage. Der erste Eindruck von außen ist gut. Am Straßenrand sehe ich durch die lockere Schneeauflage blaue Blümchen, Gestrüpp, aber hübsch. Da bin ich natürlich Fuchs und pflücke mir ein paar davon, wer weiß, ob ich damit nicht noch punkten kann. Es ist kalt, die Frische tut mir gut, nur gelegentlich überkommt mich so ein leichtes Zittern, klares Zeichen von Nervosität.

Nach etwa 20 Minuten sehe ich ihren weißen BMW die Straße heraufkommen und winke. Eine Minute später, sie hat etwas weiter rauf eingeparkt, öffne ich die Tür, sie steigt aus – und wir nehmen uns lange in die Arme.

Joanna hat einiges an Gepäck dabei, Koffer, Getränke, Platten mit kleinen Köstlichkeiten zu essen. Das schleppen wir in die Wohnung, die einen klasse Eindruck macht: Schlafzimmer mit großem Bett, geschmackvolle, moderne Einrichtung, hohe Decken, Wohnzimmer mit Küche, modernes Bad. Unser beider Erwartungen sind übertroffen. Mit Smalltalk und Einräumen von Klamotten und Küche geht die erste Stunde dahin, alles wirkt fast wie immer.

Musik läuft, wir haben eine Flasche Wein offen und schon das erste Glas getrunken. „How do you feel?", fragt Joanna. „Good with you, but a little strange", sage ich. Es fremdelt ein wenig zwischen uns, dieser unausgesprochene weiße Elefant steht noch im Raum. Ich weiß, nein, wir beide wissen, was wir tun müssen. Ich stehe auf, gehe zu ihr, beuge mich zu ihr und wir küssen uns. Als müssten wir jetzt sofort alles nachholen, was wir in den letzten Monaten versäumt haben, stolpern wir küssend in Richtung Bett, ziehen uns gegenseitig aus und fangen an, uns zu lieben. Mit jeder leidenschaftlichen Minute wird der weiße Elefant kleiner, bis er schließlich ganz verschwunden ist.

Wir liegen nebeneinander, eng umschlungen, sehen uns an. „How do you feel?", fragt sie wieder. „Warm with you", sage ich selig. Da sind wir wieder: Vertraut, offen, unsere Liebe war nie weg.

Am nächsten Morgen sind wir voller Tatendrang. Heute ist Silvester, wir wollen den Tag nutzen, um durch Stettin zu schlendern, Essen für den Abend zu bestellen und unsere eigene Party vorzubereiten. Stettin ist schön, die Oder fließt in mehreren Armen durch die Stadt und staut sich in einem großen See, der dann Richtung Ostsee abfließt. Es ist kalt, aber die Sonne scheint, wir kaufen uns an einem für Polen typischen kleinen Wägelchen Cappuccino und reden, über uns, über unsere Erlebnisse ohneeinander, sie sagt mir, dass sie oft an mich gedacht und mich vermisst habe. Wir sind verliebt, nein, anders, wir haben unsere unterdrückte Liebe wieder zum Leben erweckt!

Stettin hat eine richtig hübsche und geschmackvoll restaurierte Innenstadt, und wir entdecken unweit vom Schloss der Pommerschen Herzöge in Stettin einen Platz namens Nowy Rynek, an dem es in den Fachwerkhäusern jede Menge Bars und Restaurants gibt. Im Sommer muss hier die Hölle los sein. Im Buddha Thai and Fusion Restaurant geben wir folgende Bestellung für den Abend auf: Salat Nummer 20 und 25, als Hauptgang die 51, das ist Huhn in scharfer Zusammenstellung mit Gemüse, und als Nachtisch soll es Mango mit klebrigem Reis und frittierter Banane geben. Abholung so gegen 19 Uhr.

Etwas erschöpft, aber glücklich gehen wir nachmittags in unsere Wohnung und legen uns noch mal aufs Bett, um uns für den Abend auszuruhen. Später fahre ich los, um unser bestelltes Festmahl abzuholen. Um kurz nach sieben bin ich wieder in der Wohnung, Joanna ist geduscht, hat ihr Abendkleid zurechtgelegt und schminkt sich. Ich rasiere und dusche mich auch. Während ich mein Hemd aufbügele, bereitet sie den Tisch vor. Als ich im Anzug stecke, müssen erst mal Fotos gemacht und auf Instagram gepostet werden. Solo natürlich, ist ja alles noch eine Geheimmission. Die Reaktionen folgen auf dem Fuße. Ihre Freundinnen fragen, wo sie denn sei? Spekulationen schießen ins Kraut. Ich poste erst mal noch gar nichts.

Mir geht es da wie vielen Männern, große Begeisterung lösen solche Fotosessions nicht bei mir aus. Endlich sitzen wir am Tisch und stoßen mit Champagner an. Die wilde Fahrt kann beginnen.

Das Essen ist köstlich, wir trinken Wein, küssen uns, lachen, sind fröhlich und hören Musik aus dem Lautsprecher, den sie mitgebracht hat. Aber zum Tanzen brauchen wir jetzt etwas anderes. Uns fällt die große Silvestershow vom polnischen Fernsehen TVP ein. Einschalten, und sofort sind wir in der Show – und sehen Thomas Anders!

„Cheri cheri lady", singt er, tänzelt leicht, blickt dabei von schräg unten in die Kamera und macht Armbewegungen, die so etwas wie „Yeah, we can do it" ausdrücken. Volle Lautstärke, wir tanzen, oder zumindest versuchen wir uns im Takt der Musik zu bewegen, wir drehen und küssen uns.

So kurz nach elf holt Joanna einen kleinen Joint raus, Geschenk von einer Freundin. Als wir den Rauch zum Fenster rausblasen, fühlen wir, dass dieser Abend zum einen großartig und zum anderen noch nicht vorbei ist. Da kommt noch was!, lachen wir uns an. Inzwischen singt ein polnischer Sänger, Joanna singt mit, ich mache Headbanging dazu, wir schreien fast vor Begeisterung.

Es geht Richtung Mitternacht. Thomas Anders ist wieder dran, ich stelle schon mal eine Flasche Schampus bereit, hole die Raketen und warme Jacken, wenn es gleich rausgeht.

Drei, zwei, eins: „Szczęśliwego Nowego Roku!" Vergeblich versuche ich, das polnische „Frohes neues Jahr!" nachzusprechen. Wir sehen uns lange in die Augen. „I love you", sagt sie, „Kocham cie", entgegne ich.

Draußen auf der Straße vorm Haus treffen wir auf andere Leute, stoßen an, wünschen allen happy new year und ich starte die Raketen. Es ist eine geile Stimmung, kalte Luft, der Rauch der Feuerwerkskörper, bunte Lichter am Himmel, Kanonenschläge aus allen Ecken. Wir trinken aus der Flasche und rufen von der Straße aus Ada und Barbara (Joannas Mutter) an, danach erreichen wir meine Mutter und Mathilda. Etwas länger telefoniere ich mit Sven, der endlich wieder bei Meredith in Johannesburg ist. Nach einer dreiviertel Stunde gehen wir wieder hoch in die Wohnung und machen uns über die Reste der Thaiküche her. Joanna schenkt uns zwei Wodka ein, und sagt, sie habe etwas für mich. Sie sei noch bei Marek gewesen und habe ihn gebeten, den Ring von mir umzutauschen. Sie öffnet eine Schachtel, Thomas Anders ist dieses Mal nicht dabei, und zum Vorschein kommt ein wunderschöner, zarter Goldring mit einem kleinen Diamanten. „Hinnerk, now or never", sagt sie. Ich bin überrascht und fange an zu schwitzen, alles, was wir erlebt haben, kommt in diesem Augenblick zusammen. „Schatz", sage ich und gehe auf die Knie: „Do you wanna marry me?"

„Yes!", flüstert sie und zieht mich zu sich heran.

Die Leiden des jungen Baumgarten

Warum rennt die Zeit eigentlich so?

Das Wasser ist blau, der Himmel strahlt und wir gönnen uns für sympathische 20,50 Euro zwei Liegen mit Schirm. Jeder kennt den Strand Es Trenc auf Mallorca, aber nicht jeder mag das viele Seegras hier. Uns geht das ein wenig auf die Nerven, und deswegen sind wir froh, vor einigen Jahren mal neben dem Es Trenc den Strandabschnitt östlich von Ses Covetes entdeckt zu haben: Toller Sand, fast kein Seegras, glasklares Wasser und alles recht weitläufig. Wir sind oft in Ses Covetes, einmal wegen des Strandes, dann auch wegen der lässigen Atmosphäre und auch wegen der bereits erwähnten Bar Esperanza. Joanna liest, ich schwimme oder liege einfach nur in der Sonne. „Das bräunt nach ...", antworte ich, als Joanna meint, ich würde langsam rot werden.

Nachgecremt gucke ich aufs Meer raus und lasse die Gedanken einfach fliegen. Dabei bemerke ich, dass die Zeit momentan verfliegt.

Viele mögen das kennen: Man macht gerade etwas, denkt sich dabei aber schon in die Zukunft. Vor ein paar Tagen saß ich an der Arbeit für unser Golfmagazin, wir mussten noch einiges schreiben und organisieren, um die Druckunterlagen fertig zu bekommen. Es war nicht so, dass ich keinen Spaß an der Arbeit hatte, aber ich träumte vom bevorstehenden Mallorca-Urlaub mit Joanna, vom Strand, sah mich im warmen, salzigen Wasser des Mittelmeers schwimmen. Ich stellte mir vor, was bis dahin noch alles passieren würde: Mit Ryanair abends nach Danzig zu Joanna fliegen, nachts Sex haben, am nächsten Tag ein bisschen den Garten herrichten, abends Freunde zum Essen treffen, am nächsten Morgen wieder zurückfliegen; in Hamburg für Mallorca packen und alles zurechtlegen, einen Anzug für die „Bingo"-Moderation vom NDR abholen und dann nach Hannover fahren, um mit Mathilda über Studienpläne zu sprechen; danach abends die Jungs im Stromboli treffen, quatschen und trinken, in der kleinen Wohnung in Hannover schlafen, Samstag früh aufstehen und nach Gleidingen zum Golf fahren – Charity Turnier mit Nikolas Kiefer; ein paar gute Schläge machen, Rückenschmerzen vermeiden, Spaß haben und abends an einem netten Tisch bei der Veranstaltung sitzen (nicht so viel trinken!), so um etwa 23 Uhr ins Bett gehen und am nächsten Morgen fit sein; Sonntagsmorgen zu Mutti, dann noch mal zu Mathilda, dann wählen gehen, kurz nach Hause, ein bisschen frisch machen und um 13.30 Uhr bei „Bingo" sein (ich freue mich auf die Live-Sendung! Macht einfach Spaß, mit Anrufern zu sprechen, Geld zu verschenken und mit Jule und dem Team zusammen die Show zu wuppen); danach von Hannover nach Hamburg fahren, auf Joanna freuen, die schon in der Wohnung wartet, Sachen zusammensuchen, zum Flughafen düsen und um 22 Uhr geht's ab nach Mallorca; Auto abholen, in die (gemietete) Ferienwohnung fahren, ausschlafen; am nächsten Morgen frühstücken auf der überdachten Terrasse mit dem wunderbaren Blick an der grün schimmernden Pinie vorbei auf den in der Sonne leuchtenden Golfplatz von Bendinat. Und weiter sah ich in meinen Gedanken, wie wir dann mittags nach Ses

Covetes an den Strand fahren, ins Meer springen und in der Sonne liegen werden.

Was soll ich sagen? Es hat sich alles genau so abgespielt wie vorher schon in meinem Kopf. Von Etappe zu Etappe. Wobei, ich muss zugeben, Sex hatten wir erst am nächsten Morgen und Rückenschmerzen konnte ich leider auch nicht vermeiden (durch Golf, nicht durch Sex). Es hat sich alles schon so vor meinem inneren Auge abgespielt, bevor es tatsächlich passiert ist. Und jetzt ist das, was ich mir vorgestellt hatte, schon wieder Vergangenheit. Ein Fingerschnipsen, und wieder ist Zeit in unserem Leben einfach nur vergangen, gar nicht richtig gelebt, nicht richtig gespürt. Übrigens kann man dieses Phänomen andererseits auch nutzen, um blöde oder unangenehme Situationen schneller hinter sich zu lassen. Einfach vorstellen, wo man am nächsten Tag sein wird und wie man dann über die jetzige Situation wohl denken mag.

Ich erzähle Joanna von meiner Erschütterung, wie sehr die Zeit doch verrinnt, wie schnell das Jetzt Vergangenheit wird: „Da läuft doch was falsch, wenn man es nicht schafft, den Moment zu genießen und die Erlebnisse lediglich abhakt, die man sich vorher schon ausgemalt hat!"

Sie erzählt mir dann eine interessante Story von einer Freundin. Die habe ihr den Online-Channel eines Coaches empfohlen. Da habe sie reingehört und es wäre da auch um Männer gegangen. Worauf nämlich Frauen achten sollten, wie sich ein Mann im Laufe des Lebens verändere. Bei Frauen selber setze so eine Veränderung so ab 40 ein, mit der Menopause. Bei Männern wäre diese Phase so Anfang 50. Seltsamerweise, sagt Joanna, könne sie viel besser mit mir umgehen, seit sie sich das angehört habe. Seitdem könne sie meine Launen und

Eigenarten besser einschätzen und würde nicht alles auf die Goldwaage legen.

Hallo!? Gut, ich bin Anfang 50, aber bin ich etwa eigenartig, habe ich Launen? Selten, würde ich sagen. Joanna erzählt weiter von einem Tunnel, in dem sich die Männer ab 50 oft befänden, aber wenn sie den hinter sich ließen und gute Antworten auf ihre Fragen fänden, dann würden sie wieder glücklich und gelassen sein.

Ob dann auch meine Rückenschmerzen aufhören? Aber ehrlich gesagt, fühle ich mich ertappt. Tunnel, Fragen haben, zweifeln, Antworten finden. Das alles ist ja tatsächlich in mir! Ich habe Fragen, ich habe Zweifel. Allein die Tatsache, dass ich mir Gedanken über das Verrinnen der Zeit mache, zeigt ja, dass ich befürchte, Zeit liegen zu lassen, den Moment nicht genießen zu können. Es zeigt, dass ich mich im Alltag verhalte, als hätte ich noch 70 verbleibende Jahre auf dieser Erde. Weiß ich eigentlich, was ich will? Ich befürchte, ich habe nur eine leise Ahnung, weiß möglicherweise nur, was ich nicht will.

Unter Freunden sprechen wir viel über solche Themen. Wie oft sagen Hanjo und ich, dass es wichtig sei, jeden Tag zu genießen und wertzuschätzen, wie gut es uns im Grunde geht. Mit Aal und den Jungs vergewissern wir uns immer gegenseitig, wie großartig es ist, was wir gerade erleben: gemeinsam golfen, zusammen Gesprächen führen und dabei Bier trinken und lachen. Solche Gespräche und politischen Diskussionen sind mir wichtig. Ich genieße das, wenn ich mit Fred leidenschaftlich diskutieren kann. Aber verdammt noch mal: Genieße ich wirklich bewusst den Moment oder hake ich nicht nur einfach gute Erlebnisse nacheinander ab? Kann man das eigentlich, kann man wirklich im Moment leben? Jeder

Buddhist würde jetzt sagen, das sei das große Ziel, und es sei möglich. Nun bin ich aber kein Buddhist. Ich bin ungeduldig. Was sind es denn eigentlich für Fragen, die sich meine Generation Mann gerade stellt? Für mich persönlich sind das Fragen um meine berufliche Zukunft, Fragen nach finanzieller Sicherheit. Ich frage mich, wo ich in fünf Jahren leben werde, ich frage mich, ob ich eigentlich noch eine Veränderung in Sachen Liebe will. Und genau hier liegt ja tatsächlich schon das Problem, meine Fragen drehen sich um die Zukunft, nicht um die Gegenwart. Was gibt es noch für Fragen in meiner Generation? Es gibt schlaue Menschen, die darüber Bücher schreiben. „Mann, entfessele dich", „Frau, sei du selbst und werde glücklich", oder ähnlich aussagekräftige Titel. Mich beschleicht das Gefühl, da geht es um Dinge, von denen wusste ich vorher gar nicht, dass sie überhaupt relevant oder hinterfragenswert sind. Da wird über so vieles so viel Wichtiges geschrieben, analysiert und psychologisiert, man kommt förmlich durcheinander. Aber natürlich fühlt man sich ertappt, denkt sich: „Ja, genau das ist bei mir auch falsch" oder „richtig, so werde ich es ab jetzt machen und mein Leben wird sich vollständig ändern!"

Was ich damit sagen will: Ja, wir sollten an uns arbeiten, natürlich sollten wir lernfähig bleiben und auch nach Verbesserungen streben. Aber klappt so etwas denn auch nachhaltig? Bei mir zumindest nicht. Ich bin begeistert von den Ideen, sehe auch Notwendigkeiten, aber nach drei Tagen habe ich das leider vergessen und bin wieder ganz der Alte. Merkwürdiges Tierchen Mann, es will, aber es kann nicht.

Es gibt aber dann doch ein Dreierpack, vielleicht abseits irgendwelcher schlauen Coaches, das mich weiterbringt.

Erstens lese ich immer wieder gern in einem Buch über den Psychologen und Philosophen William James (1842–1910). Im Kern geht es in seinem philosophischen Pragmatismus darum, dass man sich so verhalten solle, als hätte man eine bestimmte Eigenschaft, um genau diese Eigenschaft dann wirklich zu erlangen.

Zweitens ist da mein (sehr schlauer) Coach Werner. Ein verrückter Kerl, ein großartiger Sparringspartner, jemand, der meinen Geist öffnet. Werner ist niemand, der mir sagt, mach dies, mach das. Wir unterhalten uns einfach und reden dadurch wie von außen betrachtet über mich. Ist herrlich, sich selbst zu reflektieren. Nach einer Stunde komme ich immer energiegeladen aus unserem Treffen. Es ist zwar auch hier so, dass ich vieles im Alltag wieder vergesse, aber die Regelmäßigkeit unserer Treffen scheint mir dahingehend zu nutzen, dass ich einige Dinge peu à peu verinnerliche. Man kann das ganz gut mit Golf vergleichen. Der Trainer zeigt dir eine bestimmte Bewegung, die besser wäre für deinen Schwung. Das klappt vielleicht auch erst mal ganz gut, aber wenn man es nicht regelmäßig übt, dann bleibt diese neue Bewegung irgendwo im Nirvana hängen und man kommt zum alten Bewegungsmuster zurück.

Und drittens habe ich kürzlich zwei in eine Frage verpackte Worte entdeckt, die mir gnadenlos einen Spiegel vors Gesicht gehalten haben: „Warum warten?"

Du liest das und dein Gehirn fängt sofort an zu arbeiten. Du gehst auf eine Gedankenreise, von der du schon vorher weißt, dass am Ende viele Ausreden stehen. Warten auf bessere Zeiten, auf mehr Geld, auf eine gute Gelegenheit, auf weniger Stress. Warten, bis Mathilda komplett selbstständig ist, warten, wie sich die Situation mit Mutti entwickelt. Eine

Ausrede nach der anderen, teilweise auch vernünftig und klar nachvollziehbar. Aber wenn dann irgendwann mein letzter Tag gekommen sein wird, werde ich dann glücklich sein, vernünftig gewesen zu sein? Oder werde ich mich nicht vielmehr fragen, warum ich bestimmte Dinge nicht einfach getan, warum ich meine Träume immer auf die Wartebank gesetzt habe? Mich beschleicht die Befürchtung, dass ich als 50-Jähriger so lange warte, bis nichts mehr geht. Mich beschleicht die Ahnung, dass ich als 50-Jähriger nur bedingt schlauer geworden bin im Leben. Wenn ich ehrlich bin, bin ich eingefahren in Gewohnheiten und sehe vieles unter einem Finanzierungsaspekt: Wovon soll ich das bezahlen? Was riskiere ich im Job, laufe ich Gefahr, meine Rente zu verlieren, ist das alles sicher? Oh, Mann! Sicherheit ist ja etwas Schönes, aber der Gedanke daran kann einen ganz schön flügellahm machen. Der 50-Jährige steckt in einem echten Dilemma. Er will gerne mutig sein, hat aber Angst, das bislang Erreichte aufzugeben. Eine schwierige Zwickmühle, die darin ihren Grund hat, dass wir nicht im Jetzt leben, sondern an unsere Zukunft denken. Eines haben wir 50er mit Sicherheit schnell parat: Den guten Ratschlag für andere. Auch ich bin in diesem Moment ganz besonders schlau, wenn ich mir dazu Gedanken mache und diese hier aufschreibe. Was werde ich aber nun konkret aus der Warteposition holen und verwirklichen? Mit Joanna auf Mallorca leben, im Job noch mal eine Stufe zünden? Ja, ich bin dabei, das umzusetzen. Klingt noch nicht nach dem Stein der Weisen, aber es ist immerhin ein Anfang. Der Impuls ist da, etwas scheint sich in Bewegung zu setzen. Auch dadurch, dass ich mich entschlossen habe, dieses Buch zu schreiben.

Fühlt sich gut an.

Epilog
Dezember 2021

„Hallo Schatz, kannst du mich bitte mal anrufen, ich müsste was mit dir besprechen."

Diese einfache WhatsApp-Nachricht von mir löst bei Mathilda einen gewissen Schreck aus. „Was ist denn, habe ich was falsch gemacht?", schreibt sie sofort zurück.

Hahaha …! Großartig, genau so war ich früher auch. Es brauchte nur ein Polizist im Geschäft meiner Eltern einzukaufen, schon überkam mich die Angst, der sei bestimmt hinter mir her. Schlechtes Gewissen, weil ich ja auch immer irgendetwas angestellt hatte.

Dabei ging es mir bei der Frage nur um eines: Ich wollte das Okay von ihr haben, dass ich das auch alles so über sie schreiben darf, wie ich es jetzt geschrieben habe. Sie hat es mir gegeben. Und zwar mit den Worten: „Kein Problem Papa, mir ist so schnell nichts peinlich. Wahrscheinlich habe ich das von dir."

Jürgen, danke!

Es ist gerade kurz vor Weihnachten 2021. Wir sind in der soundsovielten Corona-Welle, aber zumindest kann man ohne Probleme nach Polen reisen. Sogar ohne Transportauftrag. („Express Logistik" hatte sich nicht als Kerngeschäft etabliert.)

Die Planungen laufen auf Hochtouren. Nein, nicht für eine Hochzeitsfeier, sondern für Weihnachten. Kurz vor Heiligabend fliege ich zu Joanna, um mit dem polnischen Teil der Familie Heiligabend in der kuscheligen Wohnung von Barbara,

Joannas Mutter, zu feiern. Am ersten Weihnachtstag fahren wir morgens gemeinsam mit Ada Richtung Hannover, nachmittags sind wir da bei meiner Mutter in Ehlershausen verabredet. Heiligabend verbringt unsere Mutter sensationeller Weise mit meinem Bruder. Das ist insofern bemerkenswert, als Sven ja in Dubai mit seiner Partnerin Meredith lebt. Sie wiederum ist Südafrikanerin. Am ersten Weihnachtstag lernen wir Meredith endlich persönlich kennen. Abends kommt mit Sicherheit auch Mathilda, am nächsten Tag folgen Svens Kinder Annika und Robert. Am zweiten Weihnachtstag holen wir abends Leo, den Freund von Mathilda, am Bahnhof ab. Mit ein bisschen Glück kriege ich es noch hin, dass auch noch Ira mit Andi und ihrer Mutter Petra kommen. Aber vielleicht wäre das doch etwas zu viel Trubel für eine 83-Jährige, die es gerne etwas ordentlicher hat. (Wohingegen ihr jüngster Sohn gerne die Türen für alle Gäste offenhält und notfalls improvisiert.)

Weihnachten wird also ein fröhliches Treiben unterschiedlicher Nationalitäten. Und mit Hund, nicht zu vergessen. Manchmal denke ich, Marlene, also Mutti, hat nicht unbedingt Glück mit ihren Schwiegertöchtern. Charakterlich schon, aber solch eine Entfernung zu den Frauen ihrer Söhne ist nicht das, wovon sie immer geträumt hat. Dazu kommen gewisse Sprachbarrieren. Die werden allerdings dadurch überbrückt, dass Mutti wahlweise die Hörgeräte leise stellt, oder aber die Damen einfach auf Deutsch anspricht.

Kommen wir aber zur wichtigsten Frage: Haben Joanna und ich inzwischen denn nun geheiratet? Was ist aus dem Antrag von Stettin geworden?

Um ehrlich zu sein: bisher noch nichts. Und das hat jetzt nichts damit zu tun, dass einer von uns beiden einen Rückzieher gemacht hätte. Nein, wir haben schlicht noch keinen geeigneten Termin gefunden. Ich sehe die Hochzeit als Anlass für eine größere Party, die ich meinen Freundinnen und Freunden irgendwie schuldig bin. Dabei würde ich dem deutschen Teil der Gäste auch gerne Danzig zeigen, aber das war alles in allem Corona-bedingt bisher leider so nicht realisierbar.

Joanna wird mich erschlagen, wenn sie dieses schnöde Argument liest, aber, vorsichtig ausgedrückt: Auch hormonelle Schwankungen spielten vielleicht eine kleine Rolle, ein emotionales Auf und Ab ist nicht unbedingt ein verbindendes Element, wenn man heiraten möchte. Aber, nehmen wir es so, wie sie selbst sagt: „It's never boring with Joanna."

Wir werden das hinbekommen.

Ach ja, eine sehr gewichtige Entwicklung gibt es allerdings schon: Ich hätte zwar nie gedacht, dass ich mich mal so traditionell ausdrücken würde, aber mittlerweile stellen wir uns mit „meine Verlobte" und „mein Verlobter" vor.

Es bleibt spannend!

Dank

Wenn man sein erstes Buch schreibt, sieht man erst mal einen großen Berg mit leeren Seiten. Danke André Dietz, dass Du mir die richtige Bergsteigerausrüstung gegeben hast, danke für Deine Inspirationen und Motivationen. Marten Brandt ist mein erster Kontakt im Leben zu einem Lektor. Danke Marten für Deine Geduld und Deine Anregungen, danke, dass dieser Kontakt unseren Stein so wunderbar geschliffen hat. Überhaupt ist es großartig, mit einem Verlag wie Edel zusammenzuarbeiten. Diese positive Einstellung, diese Wertschätzung, hat mir sehr viel Energie gegeben. Danke an Melanie, Olaf und Peter von Käfferlein & Köhne für Euer Vertrauen, ohne Euch hätte ich mich gar nicht erst auf den Weg zum Berg gemacht, und möglicherweise sind wir ja noch mitten in einem Gebirge.

Danke auch an die vielen Freundinnen und Freunde von mir, die in diesem Buch vielleicht nicht erwähnt werden, aber doch alle mein Leben so wunderbar bereichern. Danke an meine Familie, dass Ihr mir vertraut und ich über Euch schreiben durfte. Danke vor allem an Joanna, dass Du meine leichte Unruhe ertragen hast, wenn ich mal im Schreibtunnel war.

Besonders möchte ich mich aber bei Euch oder Ihnen bedanken. Danke an alle, die dieses Buch gelesen haben, die gelacht und nachgedacht haben. Die sich ertappt gefühlt haben, die eine Generation Mann jetzt möglicherweise besser verstehen. Ich finde, wir sollten viel mehr über uns selber lachen und das Leben mit einer gewissen Lässigkeit nehmen.

Oft werde ich gefragt, ob ich denn jemals schlechte Laune habe. Meine Antwort ist, schlechte Laune können gerne andere haben, mir fehlt dafür die Zeit. Allerdings sollte niemand gute Laune oder Fröhlichkeit mit Leichtfertigkeit oder mangelnder Ernsthaftigkeit verwechseln.

Und noch etwas: Dank an all diejenigen, die in die Umkleide im Fitnessstudio kommen und von sich aus „Hallo" oder „Guten Morgen" sagen – passiert leider immer seltener.